Couverture inférieure manquante

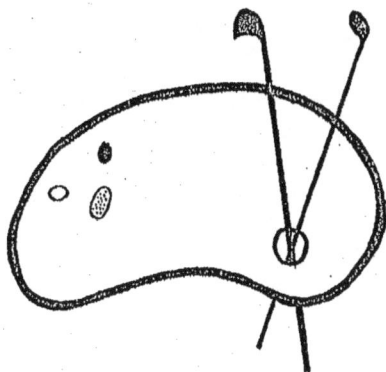

DEBUT D'UNE SERIE DE DOCUMENTS
EN COULEUR

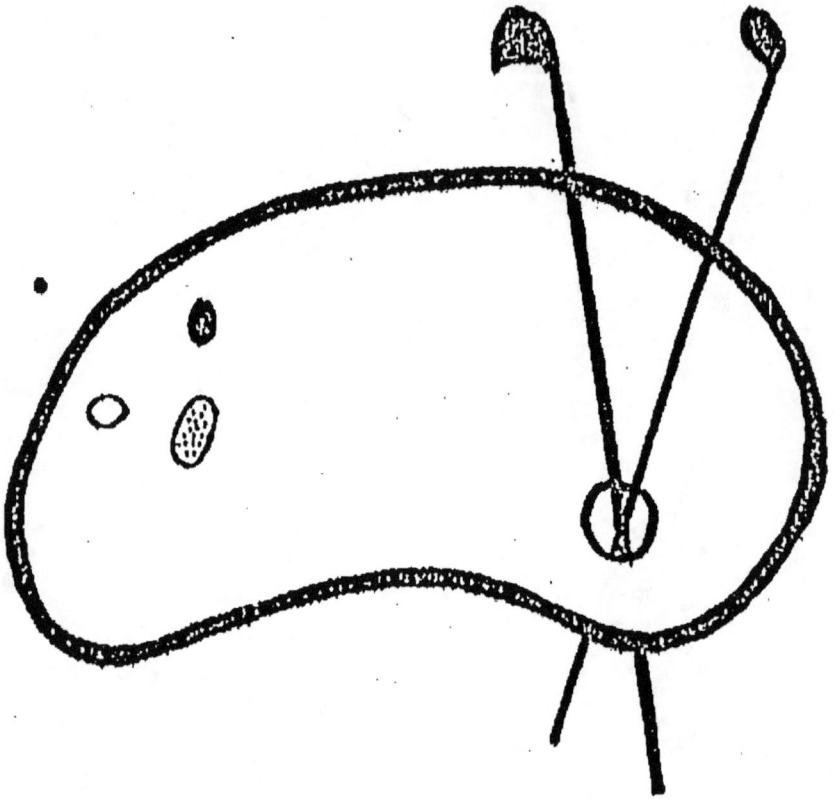

FIN D'UNE SERIE DE DOCUMENTS
EN COULEUR

INVENTAIRES DES CHATEAUX

Appartenant aux de Peyrusse des Cars

Ces inventaires, au nombre de neuf, forment un groupe, qui va de 1686 à 1771. Découverts par M. Champeval dans les archives de la famille des Cars, ils m'ont été très obligeamment communiqués par lui, qui m'en a ainsi facilité la publication. Quoiqu'ils ne soient pas de première importance, ils contiennent une série de renseignements qu'un amateur des documents de ce genre ne doit pas négliger. Pour leur donner plus d'intérêt, j'aurai soin d'élucider par des notes les passages qui les réclament, sans toutefois m'attarder à reproduire des explications déjà fournies dans des circonstances analogues ni avoir la prétention de tout identifier, certains mots ne se trouvant dans aucun glossaire.

I. — CHATEAU DE LA RENAUDIE (1686)

L'inventaire forme un cahier in-4° de 28 pages. Le papier est marqué au timbre de la généralité de Bordeaux, et porte au filigrane, dans un cartouche, une fleur de lis sur un nuage qui lance la foudre. Le « chasteau de La Renaudye, paroisse de Saint-Front-la-Rivière, en Périgord », appartenait à « haut et puissant seigneur, Messire Jacques Descars, comte de Saint-Bonnet et seigneur de la présente jurisdiction ». A sa mort, comparurent, pour la rédaction de l'acte, « haulte et puissante dame Marie du Chastellet, dame douairière du présent lieu ; hault et puissant Messire François, comte Descars, chevalier, seigneur de Saint-Ybard, d'Aixe et autres places ; haulte et puissante damoiselle Jeane Descars et hault et puissant seigneur, Louis de Rochouard, chevalier, seigneur du Bastimens, comme père légal administrateur

1

de ses enfans et de deffunte haulte et puissancte dame Marie Descars, tous comme héritiers présomptifs ».

Le notaire constate qu'il a « vacqué à la faction du dit inventaire », et « a attesté l'heure de huit heures du matin estre eschéie et après l'avoir cognu à la monstre solaire (1) du présent lieu ».

Le document original, qui fait partie des archives de M. le comte des Cars, m'a été très gracieusement communiqué par M. Champeval, avocat à Figeac.

Invantère des meubles de la Renaudie, faist au requis de Madame la contesse de Saint-Bonnet, 1686.

Premièrement, estant à la porte dudit chasteau et sur le pontlevix d'icelluj, nous avons rencontré Thomas Duvaneau, sr de la Faute, receveur de laditte seigneurie, auquel nous avons fait entendre le subject de nostre transport et réquisition du dit sr du Fraisse (notaire royal et lieutenant de laditte jurisdiction)... pour procéder à la faction de l'inventaire; requis ce que ledit Duvaneau nous a offert et présenté les clef dudit chasteau et d'illec nous a conduis dans icelluj et dans la salle basse. A laquelle porte du corps de logis, au dessous du degré, il y a une porte de fert à grilhes, avec une autre porte de bois par le devant, fermant en clef et de là nous a fait ouverture de la porte de la salle basse, laquelle estoit fermée en clef et ayant entré dans icelle, avons trouvé:

1. Deux tasbles longères (2), faittes en menuserie à l'entique.

2. Plus, une autre tasble de menuserie, faitte en auvalle (ovale).

3. Plus, un timbre de cuivre servant à laver les mains.

4. Plus, trente deux chaizes de bois, garnies de joncs.

5. Plus, deux grands chenets de fonte, avec une grande tacque (3) à la cheminée de laditte salle.

6. Plus, deux grands bancs douciers (4), garnis de tappisserie, bleu, jaune et rouge.

7. Plus, un pettit lict de repos.

8. Plus, un tapit à pettit careau, servant à une tasble.

Et d'illec sommes entrés dans l'office de la ditte salle, où nous avons trouvé :

9. Une tasble ronde, avec ses estrateaux, le tout de menuserie.

10. Plus, de vieux armoires, faits à l'entique, de peut de valleur.

11. Plus, un buffet de menuserie à l'entique, fait à deux estagés.

(1) Cadran solaire. « On appelait autrefois *montre de l'horloge*, le cadran, la platine qui indique les heures » (*Dict. de Trévoux*).

(2) Tables longues et étroites.

(3) « *Tacque*. On ne connaît que sous ce nom-là, en certains endroits de la Champagne, ce que partout ailleurs on appelle *contre-cœur*, qui, selon l'Académie, est une plaque de fer qu'on attache contre le milieu du mur de la cheminée pour le conserver » (*Trév.*) *Taque* se dit aussi en Lorraine.

(4) Banc muni d'un dos ou *dossier*.

12. Plus, un garde à manger de bois, auquel y a une serure.

13. Plus, trois meschantes chèzes, deux desquelles sont garnies.

14. Plus, quatre planches servant à mectre du fruit.

Et de là sommes entrés dans la cuisine, la porte d'icelle double, bien ferré, avec sa serure, deux verouils par le dernier ; ajant entré, avons trouvé, à la cheminée d'icelle :

15. Une tacque de fonte, rompue par le millieu.

16. Deux gros chefnets de fonte.

17. Aussi autres deux grand landiers rostisseurs (1) de fert battu, de la longueur de sept pieds ou environ.

18. Une broche de fert.

19. Une cramallière, qui est attachée avec une grosse barre de fert qui traverse la cheminée, faiste en crampons.

20. Plus, une grande tasble, de la longueur de six pieds, avec ses estracteaux.

21. Un grand banc douciers à l'entique et un autre banc.

22. Plus, une autre tasble au carré, avecque son chassif (2), presque neufve.

23. Plus, deux meschans coffre à l'entique, fermant en clef.

24. Plus, autre coffre de menuserie, sans serure.

25. Plus, une meschante pièce servant à mettre la plume dedans.

26. Plus, trois paires de meschans armoires à l'entique.

27. Plus, un mortier de marbre blanc.

De là sommes entrés dans l'office de la dite cuisine, la porte d'icelle fermant en clef et dans ledit office avons trouvé :

28. Une grande tasble, avec ses estratteaux.

29. Plus, un paire de meschanps armoires à l'entique, sans serure.

30. Plus, un meschant banc à l'entique.

31. Plus, un ratteau (3) servant à mettre le pain, attaché au plancher.

32. Plus, une grande poille servant à la cuisine.

Et de la dicte cuisine sommes esté conduis dans la chambre appelée de Mr, où estant nous avons trouvé :

33. Un lit garni, avec sa coiste, cussin, matellat, le dit lict et cussin de la pesanteur de 100 livres, le matelat estant de toille garni de laine de la pesanteur de 30 livres, avecques la couvette, rideau de coulleur verthe de sarge de péys, avec le ciel de lict estant de mesme coulleur et par le dessus planché de bois.

34. Plus, douze chèzes, garnies aussi de sarge verthe.

35. Plus, six chaises, garnies de jongs, les bois d'icelles paints de coulleur verthe.

36. Plus, trois pettis oreilhers, l'un desquels fait en broderie.

(1) Landiers à crémaillères, où se posaient les crochets mobiles qui supportaient la broche à rôtir.

(2) Support pliant, voir page 447, note 1.

(3) « Dans les trois caves, un râtelier propre à y mettre des bouteilles » (Inv. des Capucins de Bourbourg, 1791).

37. Plus, une tasble ronde, avecques son chassif et le tapist d'icelle estant dessus.

38. Plus, une autre pettite tasble, de peut de valleur, sur laquelle il y a un taspit fait en broderie.

39. Plus, une autre pettite tasble, avecq ses estratteaux.

40. Plus, un guérindon.

41. Plus, deux landiers de fonte, fais en rond ; une tacque rompue par le millieu, une pettite pasle de fert.

42. Plus, dix piesses de tapisserie, faisant entièrement le tour de lad. chambre, faittes en broderie, où il y a les armes ; la première qui est sur la porte du cabinet, Monberon, les Cars, Veyrières, Lalucouere la Tour, Esnardenc, Bourbon, Chaslon, Orléans, Luxembourg, Beaufremont, Vienne, Beauvaut, Avroscourt, Lisle, Arpajon, Pierre Buffière, Rocquefeuille, Pompadour, Vantadour, de Sugur, Marnier, Polbigni, Fallettant, Moncongni, de Baiseyx, Chastellet, Noncourville, Monluc.

43. Plus, un tasbleau sans chassix, (1), où il y a escript dessus *Cicero, Pompejus, Cezar, Bruttus, Catto*.

44. Plus, un tasbleau, avecque son cadre, de la Madelaine agonisante.

45. Plus, un chandellier de cuivre et six potz de chambre d'estaing.

De la ditte chambre sommes entrés dans l'antichambre, où estant avons trouvé dans icelle :

46. Un chaslict, garni de son lit, sur lequel il y a un lict, avecq un matellat, le lict et cuissin de la pezanteur de 50 livres, le matelat, estant de tolle garni de laine de la pezanteur de 20 livres ou environ, une couverte blanche en façon de Cathalongne, n'j ajant de tours de lit ni de rideaux ni de planché par le dessus.

47. Plus, un cabinet à deux portes, fermant en clef, dans lequel avons trouvé deux paires de meschans soullier et quelques meschantes nipes.

48. Plus, un coffre, fermant en clef, dans lequel avons trouvé un linceul, trois napes et huict serviettes fort uzées.

49. Plus, un autre coffre *sive* bahut, fermant en clef, dans lequel nous n'avons rien trouvé dedans.

50. Plus, six grandes chaises garnies de tapisseries et deux pettites, sur l'une desquelles y a un cuissins.

51. Plus, deux landiers de fert battu et une petite tacque de fonte.

52. Plus, six tantes (2) de tappisserie, faisant le tour de la dite antichambre.

53. Plus, une platine servant à passer du linge.

Et de la ditte chambre sommes estés conduis dans la salle haute, la porte d'icelle fermant en clef, dans laquelle nous avons trouvé :

---

(1) Cadre.
(2) Tringles de bois servant à suspendre les tapisseries, comme on le voit encore à l'abbaye des Châtelliers (Deux-Sèvres) ; cependant, au n° 72, le sens serait plutôt celui de *tenture* et, au n° 95, on dirait un encadrement sculpté. Au n° 103, il est certainement question d'une tapisserie brodée à la main.

54. Trois lits, celluj qui est proche des fenestres de la ditte salle de la pezanteur aveq son cuisin de soix^{te} livres ou environ, soubz lequel y a une pailhasse de toille, la converte et les rideaux de sarge verte, le tour d'icelluj estant de satin blancq à careau entremellés de tapisseries, sa frange grize de soye, le ciel d'icelluj estant d'un linceul d'estoupes.

55. Plus, l'autre lict estant proche de la porte, garni de sa coytte et cuisin, de la pezanteur de quarente livres ou environ, le matelat d'un linceul garni de laine, de la pezanteur de vingt livres ou environ, deux meschantes covertes de demi laine, les rideaux de sarge verthe fort uzés, le tour du lit estant de broderie où il y a diverses figures, avecque la frange de mesme piesse.

56. Plus, l'autre lict, où il y a deux meschans lits, l'un desquels est de plumtieux (1) et l'autre de toille, aveq les deux chevef (2), de la pezanteur de quatre vingt livres ou environ, la converte en façon de Cathalongne fort uzée, les rideaux d'icelluj de sarge verthe, le tour du lict de vellours de diverses coulleurs, garni de frange de soye verthe.

57. Plus, à la cheminée, y a une tacque, aveq deux meschans landier de fer.

58. Plus, quatre chaires et une petitte, garnies de broderie de peut de valleur.

59. Plus, un banqc de menuserie, garni de sarge bloué.

60. Plus, dix piesses de tapisseries, où sont les armes de la maison de Baiseyx.

61. Plus, un grand bahut, dans lequel il y a quentité de grandz et pettis livres, non autre chose, lequel nous avons fait fermer et cacheter de nostre cachet pour estre inventorizés quand besoingt sera.

62. Plus, un coffre fermant en clef, dans lequel nous avons trouvé vingt deux linceulx de boiradis fort uzés, quatre napes de boiradis ouvrées.

63. Plus, quatre linceulx d'estoupes grosses.

64. Plus, quatre douzaines de serviettes grosses ouvrées.

65. Plus, seize serviettes de brin ouvrées.

66. Plus, trois douzaines de serviettes d'estoupes primes (3).

67. Plus, un autre grand coffre de menuserie, sans serrure ni sans clef.

68. Plus, un paire de monstres (4) ouvrant à deux coutteaux en clef, dans lesquelles il y a des pettites ardes de Madame, que nous avons cru n'estre besoing d'invantoriser, estant le tout de peu de valleur.

69. Plus, un autre paire de monstres, fermant en clef, dans lesquelles n'avons rien trouvé que quelques meschants arnoix de carosse.

Plus de la ditte salle haulte sommes entrés dans l'entichambre d'icelle, la porte de l'entrée d'icelle fermant en clef et avons trouvé dans icelle :

70. Deux grands chenefs de fert, avec une tacque de foncte.

(1) Expression locale.
(2) Chevets.
(3) La première cardée.
(4) Armoire plate et vitrée. « Les merciers, les épiciers ont des montres, attachées à leurs auvens, de leurs drogues ou merceries » (*Trévoux*).

71. Plus, un lict avecque son cuisin, de la pezanteur de soixante livres ou environ, garnj d'un matelat de laine de la pezanteur de vingt livres, une couverte blanche façon de Cathalongne, la garniture estant de sarge de peys de coulleur jaune.

72. Plus, six tantes de tapisseries, fort vielles, faittes en ouvrage, fort uzées, faisant le tour de la dite entichambre.

73. Plus, cinq chaires de peut de valleur, garnies de tapisseries aussi de peut de valleur.

74. Plus, deux bantz de menuserie, garnis aussi de tapisseries de peut de valleur.

75. Plus, un guérindon.

76. Plus, une petite tasble, avecques son chassif, laquelle y a un tapis peu haut, à quatre pans, fort uzé.

Et de la ditte entichambre sommes estés conduis par le dit Duvaneau dans la chambre appellée *la chambre rouge,* la porte d'icelle fermant en clef, ayant trouvé :

77. A la cheminée d'icelle, deux landiers et une tacque de foncte, plus une petite pasle de fert.

78. Plus, trois pièces de tapisseries faictes pour faire un tour de lict en broderie d'argent à fleurs, les bords d'iceux estant de satin.

79. Plus un grand tapist de vellours rouge, les armes de la maison Descars sont par les deux bouls, garni autour de broderie, avecq q'une petite frange de soye rouge.

80. Plus, quatre pettis oreilher fais en broderie d'argent, le font de vellours ver.

81. Plus, autres quatre pettis orelhers, fais en broderie en façon d'or, le fond de vellours rouge.

82. Plus, autres deux pettis oreilhers de vellours rouge à fleurs.

83. Plus, six meschans fauteuil.

84. Plus six chaires, garnies de cuisin de toille, fort meschant.

85. Plus, quatorze chaises, garnies de jongs, les bois teint de ver.

86. Plus, une tasble, avec ses estratteaux et deux guérindon.

87. Plus, un lict au coingt de la cheminée, où il y a une coythe, avec son cuissin de la pezanteur de soixante livres, avecq un matellat de toille boiradis de la pezanteur de vingt cinq livres, la coythe dudit lict estant de peut de valleur, garnie de sa palhasse, le tour de lict de taffetas rouge où il y a des figures en broderie en façon d'or et d'argent et escript dessus les mois de l'année, les rideaux aussi de taffetas et damas rouge à fleurs.

88. Plus, un autre lict, avecques sa coythe et cussin, de la pezanteur de soixante livres ou environ, avecques un matellat de toille garni de laine, de la pezanteur de trente livres ou environ, avecq sa couverte façon de Cathalongne blanche, le tour du lit en broderie, le fond façon d'escarlate rouge et les rideaux de camelot rouge avecques des lizans dessus le ciel du dit lict d'un linceul d'estoupes fort uzé.

Et de là sommes entrés dans l'entichambre, la porte d'icelle ne fermant en clef, dans laquelle y avons trouvé :

89. Un lict, garni de coytte et cussin, de la pezanteur de soixante livres ou environ, avecques son matellat de toille d'estoupes primes, de la

pezanteur de vingt livres ou environ, une couverte blanche à façon de Cathalongne, demi uzée, le tour du lict façon d'escarlatte rouge en broderie, aveq une grande frange de soye bleue et aurore fort uzés, le ciel du dit lict planché de bois.

90. Plus, une tasble aveq son estratteaux, sur laquelle il y a un tapist à careau en broderie, de peut de valleur.

91. Plus, un pettit orelher de velours et l'autre aussi de vellours, le tout de peut de valleur.

92. Plus, deux bans, garnis de tapisseries fort vielhe.

93. Plus, six chaires, garnies de tapisserie rouge.

94. Plus, trois chaires, garnies de jongs, les bois teint en verdeur.

95. Plus, quatre grandes tantes de tapisseries, où il y a quentité de figures et la ditte tapisserie de peut de valleur.

96. Plus, dans la cheminée, avons trouvé deux landier de fert, une tacque de foncte fort uzée.

Plus, sommes entrés dans un cabinet appellé de Pompatour, dans lequel avons trouvé :

97. Un paire de meschans armoires, formant à quatre couteau, dans lesquelles il n'y a rien que quelques meschantes chaires toutes rompues.

Et de là sommes entrés dans la chambre du foin, la porte fermant en clef, où avons trouvé dans icelle :

98. Une grande caysse, la serure y estant sans clef.

99. Plus, une autre caysse, sans serure, dans lesquelles n'avons rien trouvé que quelques meschants papiers, tous rompus et déchirés.

100. Plus, trois meschantes chaires, deux grilhes de fert de une pettite fenestre.

101. Plus, un meschans chaslict à l'antique, sans aucune garniture.

102. Et dans l'entichambre avons trouvé aussi un meschant chaslict, aussi sans aucune garniture.

103. Plus, huict grandes tantes de tapisseries en broderie, où il y a quentité de figures dessus, fort uzée et rompue.

Et de là sommes montés dans l'entichambre du grand grenier, où y avons trouvé :

104. Deux canons de mousquet, la porte d'icelle estant de fer.

105. Plus, dans le grand grenier du haut, avons trouvé quinze canons de mousquet.

Et d'illec nous sommes estés conduis par ledit Duvaneau dans le cabinet estant au coingt de la chambre du dit seigneur, la porte d'icelluj double, bien ferée, fermant en clef et estant entrés dans icelluj avons trouvé :

106. Dans la cheminée d'icelle, un paire de landier de fert battu.

107. Plus, une marmite de cuivre, avecque son couvercle.

108. Plus, une tourtière, une culhère, une poissonnière, le tout de cuivre.

109. Plus, une cassette garnie chamarrée, à façon d'argent, qui ne ferme pas.

110. Plus, un coffre de menuzerie, formant en clef, dans lequel l'on nous a dit les tiltres et papiers concernant la maison estre dans icelluj ; quoy veu, nous avons icelluj cacheté de cire rouge de nostre cachet pour estre procédé à la faction dudit inventaire des dits tiltres et papiers, quand besoingt sera.

111. Plus, unze chaires de bois, garnies de jongs, teintes de vert.

112. Plus, un pettit cabinet de bois de sapain, fermant, à divers pettis estages, dans lequel ni a rien dedans.

113. Plus, un pettit lict de repos, garni de sa coytte et matellat.

114. Et dans le hault du dit cabinet y a quentité de papiers tous espalhés (1), que nous avons remis à inventoriser quand il sera requis.

Et d'illect nous sommes estés conduits dans la chappelle du dit chasteau, estant au coingt des galleries, la porte fermant en clef; estant entrés dans icelle, avons trouvé:

115. Dans un coffre, un callice d'argent, avec sa patène aussi d'argent.

116. Plus, une chazuble de vellours en broderie, doublée de trelli noir, avecque sa garniture.

117. Plus, une autre chasuble de damas cramoisy, doublé d'une toille bleue.

118. Plus, une haube de toille de païs, garnie au fond d'une dantelle, y ayant des bandes de broderie de fillet.

119. Le corporallier, avecque le voille, avec la garniture servant au divin service de la ste messe.

120. Plus, le livre missel.

121. Plus, deux chandelliers d'estaing.

122. Plus, l'hostel (autel), garni de naspes, le devant d'hostel de broderie à fleurs, avecque le tapis servant à couvrir l'hostel aussi fait en broderie, où les armes Descars y sont.

123. Plus, un pettit crucifix.

124. Plus, quatre pettit potz de terre de fajance, servant à mettre des fleurs.

125. Plus, treise tableaux, pettis et grands.

126. Plus, un voille dessus l'hostel, où le Saint Esprit est pain (peint).

127. Plus, une tante de tapisserie, attachée à la murailhe; lesquel voyle du Saint Esprit et tapisserie l'on a dit appartenir à la ditte dame.

128. Plus, le banqc du seigneur et dame, dans lequel y a trois pettit cussin.

129. Plus, un autre pettit banq proche de la porte.

Et de là sommes montés dedans les greniers des galleries et escuries, dans lesquels nous avons trouvé du bled, froment, mesture, avoine et autres pettis bleds, desquels ledit Duvaneau a dit estre celui des mestéries qui sont pas afferrné, desquels il est comptable et celui des mestéries du chasteau n'estant encore achevé de battre, desquels aussi en les recepvant, il se rand comptable.

Et desdits greniers sommes descendus toutes les gualeries de la ditte maison, où avons trouvé:

130. Premièrement, une grand porte double, ferée de gros cloux de fert, servant de tasble pour les manœuvres, de la longueur de sept pieds.

131. Plus, un grand mortier de foncte.

132. Plus, un enclume, aussi de fert, servant pour un mareschal, d'une grosse pezanteur.

(1) Confondus, mêlés, éparpillés.

133. Plus, un pettit bac de foncte, servant à faire manger les pourceaux.

Et du dit lieu sommes entrés dans la pettite cuizine, la porte d'icelle non ferrée et fermée en clef, et dans icelle avons trouvé :

134. Un grand coffre, servant à mettre le pain, fermant à clef.

135. Plus, un garde à manger, aussi fermant à clef.

136. Plus, deux chenefps de foncte.

137. Plus, quatre pots de fert, de la contenance de trois pintes ou environ.

138. Plus, deux chauderon d'airain, un pettit et un grand, à demi uzé; le grand de la contenance d'un soilhaud et le pettit d'une pinte ou environ.

139. Plus, un paire de meschamps armoires à l'entique.

140. Plus, deux bassin d'arin, de la contenance d'un seigliaud cheseun, à demi usés.

141. Plus, un grilhe (gril) de fert.

142. Plus, une broche de fert.

143. Plus, une passette pour passer les bouillbons.

144. Plus, un chaufe lict, avecques sa quoue de fert, demi usé.

145. Plus, une poille à frire, une cullière et un friquet pour tramper la soupe.

146. Plus, quatre chaizes et quatre escabeaux, le tout de menuzerie, fort uzé.

147. Plus, deux grands plats et deux moyens et deux siettes (assiettes) creuzes, le tout d'estaingt, pezant vingt cinq livres à poix de marcs.

148. Plus, vingt cinq pettites assiettes et un esguière, le tout pezant vingt six livres et le tout aussi à poix de marcs, le tout aux armes du dit seigneur.

Et estant sortis de la ditte cuizine, sommes entrés dans une autre pettite chambre estant soubs les dittes galleries, servant de charnier, la porte d'icelle fermant en clef ; dans laquelle chambre avons trouvé:

149. Quatre grandes pierres creuzes, servant à mettre du sallé, fermant chescune avecque leurs couvercles de bois.

150. Plus, un grand banqc servant à couper la viande.

151. Plus, une autre pierre d'uille (huile).

152. Et de là sommes entrés dans la chambre appellée *la tiserie*, la porte d'icelle fermant à deux couteaux aveq sa clef ; dans laquelle n'avons rien trouvé que des bois servant à faire des tins et une grosse pierre, de la contenance d'une plesse de vin.

Et de là sommes entrés dans l'escurie estant proche de la pettite cour, garnie de son rattellier et mangeoires en bon estat.

Et de là dans l'entichambre de la ditte escurie, où y avons trouvé:

153. Un coffre, servant à mettre l'avoine du palefrenier.

154. Plus, un lict de plume, aveq un meschamps chaslict, aveq ses plumtieux et cheuf (1) et couverte, de la pezanteur de trente livres ou environ, le tout de poult (peu) de valleur.

Et de là sommes entrés dans une pettite escurie de dessous le portail, où n'y avons rien trouvé que meschant ratellier.

_____

(1) Chevet.

Et des dittes escuries sommes allés dans une pettite chambre, servant de celier, la porte d'icelle ayant une meschampt serure en bosse, avecque son verouil en meschant estat, icelui celier garni de ses litaux (1).

Et du dit celier sommes entrés dans la chambre qui sert à mettre l'uile, la porte d'icelle fermant à clef, dans laquelle avons trouvé :

155. Six pierres d'uile et une grande pierre servant à faire saller les lars (lards), l'une desquelles pierres d'uile n'a point de couvercle.

156. Plus, deux meschantes tasbles, servant pour tirer et mettre la viande dessus.

Et de la ditte chambre sommes allés dans la chambre appellée *la boulangerie*, qui est au dessoubs des dittes galleries, la porte d'icelle fermant à clef; dans laquelle nous y avons trouvé :

157. Un moulin à passer la farine à trois toilles, lesquelles sont en très meschampt estat, la trémie du dit moulin estant par le dessus d'icellui.

158. Plus, deux metz à prestir (pétrir) pain.

159. Plus, deux grandes pierres creuzes, servant à faire la licive.

160. Plus, une chaudière de foncte, servant aussi à faire la licive.

161. Plus, un trapier (trépied) de foncte, les fours servant à faire le pain estant dans la ditte chambre.

Et de la ditte boulangerie sommes montés dans la chambre de la recepte, où ledit Duvancau nous a conduit, la porte d'icelle fermant à clef, aveq un cadenaqe; dans laquelle y avons trouvé :

162. Un lict, garni de sa coyte et cuissin, le tout de la pezanteur de quarante livres ou environ, aveq sa couverte, tour de lit et rideaux, le tout bleu.

163. Plus, un autre pettit lict, autremont couchette, de la pezanteur de trente livres ou environ, garni de sa couverte faite de sarge, fort uzée.

164. Plus, deux meschamps armoires à l'entique, sans clef ni sans serure.

165. Plus, deux meschamps coffres, aussi sans clef ni sans serure.

166. Plus, un coffre presque neuf, fermant à clef, duquel nous avons fait faire ouverture au dit Duvancau, dans lequel nous n'avons rien trouvé que les papiers concernant la recepte du dit Duvancau.

167. Plus, une tasble, servant au recepveur pour escripre, aveq un meschampt tapist.

168. Plus, deux landiers de foncte, estant dans la cheminée.

Et de la dite chambre de la recepte sommes entrés dans une autre chambre joignant icelle, le tout sur les galleries, à la porte de laquelle y a une serure sans clef; dans laquelle nous y avons trouvé :

169. Deux chaslicts, l'un presque neuf et l'autre à l'entique, de peut de valleur; sur lesquels chaslits nous avons trouvé deux lits sur chascun, avecque chascun deux chevefs, de la pezanteur chascun avecque leurs dits chevefs de quarante livres ou environ, aveq que deux couvertes rayées, l'une rouge et l'autre blanche, demy uzées; les tours du lit de

(1) « *Liteau*, tringle de bois, destinée à porter une tablette ou à servir d'appui à une cloison » (*Larousse*).

tapisseries, avec leurs franges, à l'un desquels il a deux pettites tantes de tapisseries servant à rideaux et les rideaux de l'autre ne vallant rien.

170. Plus, une cassette de menuzerie, fermant en clef, dans laquelle nous n'avons rien trouvé.

171. Plus, un meschampt buffez de menuzerie, sans aucun planché.

172. Plus, un autre chaslict de menuzerie, presque neuf, sans planché, sy c'est (ce) n'est le bas.

173. Et de là sommes entrés dans un pettit cabinet, où le jardinier couche, la porte fermant en clef ; dans laquelle nous avons trouvé un lict, aveq son cuissin, le tout de la pezanteur de quarante livres ou environ, aveq une meschampte couverte de demi layne (1).

Et dudit cabinet sommes entrés dans un autre, joignant icellui, la porte duquel fermant en clef ; dans lequel nous avons trouvé :

174. Un meschampt chaslict, à l'entique, sans aucun lict ni autres choses.

175. Plus, une petite caysse sans couvercle, dans laquelle il n'i a rien dedans.

176. Plus, un meschampt linceulx d'estoupes, dans lequel il y a quelque meschampte layne qui a servi de mattelat, qui est de la pezanteur le tout de dix livres ou environ.

177. Plus, deux meschantes chaises.

Et de là sommes entrés dans une autre chambre, en montant aux greniers qui sont au dessus des dittes galleries; dans laquelle chambre nous n'avons rien trouvé.

Et de la ditte chambre sommes estés conduits par le dit Duvaneau dans la chambre du pavillon du portail dudit chasteau, la porte de laquelle fermant en clef, aveqque deux verouil, l'un par le devant et l'autre par le dernier (derrière); dans laquelle chambre nous avons trouvé :

178. Un chaslict de menuserie, sur lequel il y a un lict de plume, aveq son cuissin, de la pezanteur de soixante livres ou environ, les plumtieux d'icellui estant de marchamps rayées, fort fines, aveq une couverte demi uzée à façon de Cathalongne, aveqque le tour de lict de sa frange rouge en tapisserie fain à careau en façon de cœur, aveq trois pettites tantes servant à rideaux, le tout fort uzé.

179. Plus, une pettite tasble de menuserie, aveqque son tapist, fort vieux et usé, de diverses coulleurs.

180. Plus, un pettit armoire de menuserie, à quattre pettis estages, fermant en clef, dans lesquels nous n'avons rien trouvé que quelques meschampts papiers de la recepte dudit Duvaneau.

181. Plus, deux pettits landiers de fert battu.

182. Plus, quatre pettites tantes de tapisseries, de fort peu de valleur, tenant autour de la dite chambre.

183. Plus, une pettite chaise de peu de valleur. Les fenestres et portes d'icelles ne vallant presque rien.

Et de la ditte chambre sommes descendus dans la cave dudit chasteau, la porte d'icelle fermant en clef; dans laquelle nous n'avons trouvé que du

(1) Laine et coton.

vin dans deux piesses non plaines et le reste le dit recepveur a dit avoir esté employé une partie pour la maison et l'autre l'avoir débitté, dont il en a chargé sa recepte.

Nous sommes estés conduits par ledit Duvancau dans une grange, qui est dans la basse cour dudit chasteau, où l'on fait ordinairement les vandanges, le portail d'icelle estant à demi neuf et fermant en clef, avecq une petitte serure en bosse ; dans laquelle nous avons trouvé :

184. Premièrement, sept grandes tines à escouller vin, bien cerclées, deux desquelles contiennent à escouller chescune d'icelles vingt bariques de vin et les autres environ dix ou douze bariques chescune.

185. Plus, un foulloir de vandange, de la contenance de neuf piesses de vandange ou environ.

186. Plus, un grand pressoir de vin, consistant en deux grands traux avecque deux aduis, l'une desquelles est rompue par le millicu, avecque sa met servant à presser laditte vandange.

187. Pour ce qui est des feuts des piesses et des bariques, ledit Duvancau à dit en estre chargé par sa recepte et en conséquence en devoit rendre compte, ce qui nous a obligé à les inventoriser.

188. Et d'illec sommes allés dans la chambre tenant à la ditte grange, appellée *du menusier*, la porte de laquelle est ferée de ses bandes avecq sa serure et verouil, fermant en clef ; dans laquelle nous avons truvé un banq servant au menusier, plus un grand pot de fert de la contenance de deux seilhaud.

Et de la ditte chambre sommes allés dans l'escurie estant dans la ditte basse cour, la porte d'icelle double, ferée, avecq sa serure, fermant en clef ; dans laquelle n'avons rien trouvé que les mangeoires et rattellier des chevaux, le tout en meschant estat.

Et de la ditte escurie sommes allés dans la grange joignant icelle escurie, servant à mettre le foin et pailhe pour le service dudit chasteau, le portail d'icelle fermant en clef ; dans laquelle nous avons trouvé :

189. La quantité de trente charettées de foin ou environ.

190. Plus, environ trois ou quatre charettées de pailhe.

191. Plus, un meschampt carrosse, auquel il n'i a que les pettites rouhes, le tout de peult de valleur.

192. Plus, douze aix que le dit recepveur nous a dit estre faittes pour le pont levix.

Et de la ditte grange sommes allés dans une pettite chambre, appellée *le jardinier*, la porte d'icelle fermant en clef ; dans laquelle nous n'avons rien trouvé qui mérite d'estre inventorisé.

Et dudit chasteau sommes estés conduits par ledit Duvancau au village de Belletière, proche dudit chasteau, à la maison de Françillon Faye, l'un des mestajers dudit feu seigneur des biens et domaines proches dudit chasteau ; auquel Faye avons dit de nous moustrer les bestiaux de la ditte mesterie ; lequel nous a conduit dans une grange au dit village qu'il a dit tenir par afferme, ledit seigneur n'ayant aucuns bastimens dans ledit village ; dans laquelle nous avons trouvé :

193. Trois bœufs, estimés à cent quarante livres, avecque deux charettes

aveq leurs litz, icelles charettes et arnoix arratoires estimés à la somme de trente six livres.

194. Plus, trente six chef de brebis.

195. Plus, une truye, aveq cinq pettits couchons, estimés à douze livres.

Et d'icelle mestérie sommes estés dans une autre, cultivée par Louis Goudon, dit Barabant, dans le mesme village et des mesmes domaynes, et estant dens la grange dudit Barabant, nous avons trouvé :

196. Deux bœufs et un veau, estimés à cent quarente livres ; plus, une charette, estimée dix huict livres ; plus, vingt trois chef de brebis ; plus, une truye et cinq pettis couchons, estimés à douze livres.

Quand aux pailhes et foings des dittes mestéries, les dits mestajers les ont rettirées pour la nourriture et entretien de leurs bestiaux.

Et du dit village de Berletière, nous sommes portés au village du Buisson, parroisse de Quinssac, dans une pettite mestérie au dit feu seigneur apartenant; dans laquelle nous avons trouvé :

197. Un paire de veaux, estimés à quatre vingt sept livres ; plus, huit chef de brebis ; plus, trois pettis pourceaux, estimés à six livres. Les bastimens d'icelle estant en fort mauvais estat, les foins et pailhes estant serrés dans la grange d'icelle, les autres meubles estant dans la ditte maison, les dits mestajers ont dit leur apartenir...

Nous sommes estés conduits par ledit Duvaneau au village du Caveau, parroisse dudit St Front et dans la mestérie audit feu seigneur apartenant dans ledit village, cultivée par Vincent Gondon et ses nepveux et dans la grange audit seigneur apartenant; dans laquelle nous avons trouvé :

198. Trois bœufs et une vache, qui ont esté estimés à cent soixante livres ; plus, une charette, aveq son lieq et bougeau, estimés à dix huit livres ; plus, vingt chef de brebis ; plus, une truye et six pettis pourceaux, le tout estimé à vingt livres.

Et aussi sommes estés conduits par le dit Duvaneau dans une autre partie de la ditte grange et mestérie audit seigneur apartenant, dans ledit village du Caveau, cultivée par les héritiers de feu Pierre Brusdieu ; dans laquelle nous avons trouvé :

199. Un paire de bœuf et deux veaux, le tout estimé à cent soixante livres ; plus, une meschante charette et un bousgeau, estimés à quinze livres ; plus, une truye et trois nourrains (1) et cinq pettis couchons, le tout estimé à vingt livres ; plus, quatre chefs de brebis...

Et des dittes mestéries, nous sommes conduits soubs la grande asle (aile) de la forge du dit Caveau..., laquelle nous a aparu en très meschamptestat...

Et de la ditte   sommes estés au fourneau de la ditte forge, lequel aussi menasse tout à fait de ruine, soit par le dehors ou par le dedans...

Et dudit fourneau sommes estés soubs la pettite asle de la ditte forge, laquelle aussi menasse en ruine...

Et d'icelle sommes allés aussi soubs la celle où est la chauferie, laquelle aussi est en fort mauvais estat...

---

(1) « *Nourrain* ou *norrain*, petit poisson qu'on jette dans les étangs pour les repeupler » (*Trév.*). Il faut y ajouter cette autre acception du cochon qui tette encore.

Et aussi sommes entrés à la fausse escluze de la ditte forge, à laquelle nous a aparu y avoir plusieurs et diverses grandes réparations à faire...

Et de là sommes estés à la maison de la ditte forge, laquelle nous a aparu avoir besoing de recouvrir et diverses réparations à faire ; dans icelle maison ajant besoingt de plancher dans toutes les chambres...

Et de la ditte maison nous sommes portés à celle du Poumier, laquelle nous avons trouvé toutte descouverte et pleuvant partout et toutte délabrée dans toutes les chambres et greniers d'icelle...

Et de la ditte maison sommes allés dans la grange du dit Poumier, le portail et portes d'icelle estant en meschant estat, ajant icelle grange besoingt de recouvrir, pluvant presque partout ; dans laquelle il y a vingt charettées de meschant foing, provenant du pré du chasteau, de l'année dernière, que ledit recepveur nous a dit n'avoir peu vendre, ajant esté tou(t) gasté par l'inondation des eaux ; lequel foin ne vaut presque rien et ne servira qu'à faire de la litière.

200. Et de la ditte grange sommes estés dans le borderage du dit Poumier, la maison estant en meschant estat ..; dans laquelle il n'j a rien dedans..., si c'est n'est deux pettits pourceaux que le dit bourdier a dit avoir par devers lui, apartenant audit feu seigneur, estimés à la somme de cinq livres ; plus cinq chef de brebis.

Et du dit lieu du Poumier sommes estés conduits par le dit Duvaneau au moulin du Sablon, dans la ditte parroisse, tenu par afferme par Léonarde Pulbareau..., où estant avons veu les empalements d'icelluj en très meschant estat...

Et d'illet sommes entrés dans la grange du pressoir, le ronds dudit pressoir ne vallant presque rien ni la met qu'on fait piller le millhet.

Le pressoir de l'huile estant assé en bon estat...

Et ce faict, nous sommes rettirés... audit chasteau de la Renaudie, où estant, nous a esté dict par ledit Duvaneau avoir par devers lui, dans sa chambre, les meubles qui apartiennent à la ditte dame comtesse de Saint Bonnet en son propre et particulier...

201. Premièrement, une tapisserie de verdure de Flandre, contenant dix grandes piesses et trois pettites, la ditte tapisserie servant, lhorsque la ditte dame estoit dans ledit chasteau, à la salle basse d'icelui.

202. Plus, une autre tapisserie, représentant les femmes illustres, contenant sept piesses, servant, lhorsque la ditte dame estoit audit chasteau, dans la chambre rouge.

203. Plus, un grand miroir, avecque bordure d'or et d'argent.

204. Plus, une autre miroir, le fond d'ébesne, garni d'or et d'argent.

205. Plus, douze garnitures de chaises, de sarge rouge.

206. Plus, un pettit tapist rouge.

207. Plus, deux grands tapits de Turquie.

208. Plus, un pavillon de toille painte.

200. Plus, six rideaux, trois rouges et trois de toille peinte (1), servant aux fenestres.

(1) Des arrôts du Conseil d'État du Roi, rendus en 1786, concernent les « toiles peintes et toiles de coton blanches » qui se fabriquaient dans les manufactures de toile d'Alsace.

210. Plus, deux rideaux de taffetas rouge, qui servent à mettre devant les miroir.

211. Plus, quatre oreilhers de damas rouge à fleurs.

212. Plus, une couverte blanche de Cathalongne.

213. Plus, un tasbleau représentant Monsr de Bayseyx, la bordure en façon de vermeil doré.

214. Plus, la couverture d'un petit lict de repos, aveq un petit chevef, le tout estant de satin de Bruge rouge.

215. Plus, une cassette en broderie d'or, le font de vellours rouge.

216. Plus, trois portraix, l'un représentant Madame d'Auquincour, l'autre deffuncte Madame du Chastellet et le troiziesme laditte dame comtesse de Saint Bonnet.

217. Plus, deux autres portrais, l'un représentant mondit seigneur le comte de Saint Bonnet et l'autre deffunct Mr de Bayseyx.

218. Plus, autres deux portrais, l'un représentant Madame de Bayseyx et l'autre deffunt Monsr Charles Descars, son mari.

219. Plus, une garniture entière de lict, aveq sa coutrepoincte, icelle garniture estant de vellours à fleurs, le font blanque, aveqque six garnitures de faux œil (fauteuils) et autres six garnitures de chaises, le tout de pareil vellours.

220. Plus, un petit tapist rouge, aveq une dantelle d'or et d'argent au tour.

221. Plus, un autre petit tapist de vellours viollet et jaune, aveq les armes du Chatelet.

222. Plus, sept careaux.

223. Plus, un petit miroir, le fond de bois de violette (1) et le bort d'or.

224. Plus, un crucifix de bois de Lorraine, qu'on apelle Sainte Lucie.

225. Plus, une Nostre Dame aveq qune bordure dorée.

226. Plus, un tableau de l'ange gardien.

227. Plus, un petit tasbleau, représentant la dessante de la croix.

228. Plus, une petitte tapisserie de satin de Bruge, rouge et verthe, qui servoit et est encore dans le cabinet desdits seigneur et dame.

229. Plus, quatre oreilhers, qui servent dans l'entichambre rouge.

230. Plus, huict grands plats et deux grandes assiettes creuses, pezant quarante deux livres.

231. Plus, trois douzaines de petittes assiettes, quatre petits plats, une escuelle à oreilhes aveq son couvercle, le tout pesant trente huict livres.

232. Plus, trois grands plats bassin, deux en osvalle et l'autre romp (rond), pesant seize livres.

233. Plus, quatre esguierres, pesant neuf livres.

234. Plus, quatre petittes assietes creuses, pesant six livres. Le tout à prix de marcs, icelle vaisselle marquée aux armes de la ditte dame et du dit feu seigneur.

(1) « Bois de violette est une espèce d'ébène, qui est de la couleur de la violette » (Trévoux).

II. — CHATEAU DES CARS (1758) (1)

Cuisine. 1. Deux marmites de cuivre rouge, 15 l.

2. Deux grandes marmites et une petite de fer, 12 l.

3. Deux grandes casseroles rondes, et neuf à queue, 40 l.

4. Douze couvercles de casserole de fer-blanc, 1 l. 10 s.

5. Trois petites casseroles à sauces, cinq tourtières (2) et un couvercle, deux plateaux, une braisière et son couvercle, une pouptonnière et son couvercle, le tout de cuivre rouge, 50 l.

6. Deux passoires de cuivre jaune et deux pollons de cuivre, deux cuillères à pot, 12 l.

7. Deux poiles à frire et une de fer, 6 l.

8. Une poisonnière, quatre découpoirs à pâtisserie, un bonnet à la turque (3), le tout de cuivre rouge, 18 l.

9. Douze timbales, une poivrière en fer blanc, 1 l.

10. Trois écumoirs et une fleur de lis (4), en cuivre jaune, 1 l.

11. Une broche, un couteau, un tranchelard (5), deux coupoirs, deux hachoirs, un gril et deux pelles, en fer et acier, 5 l.

12. Un moulin à poivre et un mauvais chandelier à pied de bois, 1 l.

13. Deux grandes tables en gros bois de charpente (6), 2 l.

14. Deux gros chenets de fonte et deux râteliers (7).

Garde-manger. 15. Trois grandes pierres creusées servant de saloir, une romaine à peser viande, 5 l.

---

(1) Cet inventaire a été fait à la mort de François de Pérusse, marquis des Cars, comte de Saint-Bonnet, baron d'Aixe. Je reproduis les extraits qui en ont été faits par M. Champeval, regrettant de n'avoir pas eu entre les mains l'original, qui aurait peut-être permis quelques développements sur certains points. — Le château des Cars est situé en Limousin.

(2) « *Tourtière*, vaisseau de cuivre, rond et plat, qui sert aux pâtissiers à faire cuire leurs tourtes » (*Dict. de Trévoux*). — « Trois tourtières » (*Inv. du baron de Ville*, 1708, n° 35).

(3) « *Bonnet de Turquie*, terme de pâtissier. On donne ce nom à une pièce de pâtisserie qui a la figure d'un turban » (*Dict. de Trévoux*). D'après notre inventaire, la même dénomination s'attribuait au moule lui-même.

(4) Cette fleur de lis était un moule à pâtisserie. Le musée de Chièvres, à Poitiers, en possède un en fer-blanc, qui représente un arbre à branches épanouies (xviiie siècle).

(5) « *Tranchelard*, couteau de cuisine, fort mince, qui sert à faire les lardons » (*Trév.*)

(6) Simplement équarries, non menuisées.

(7) Le râtelier servait à disposer les broches, quand elles ne servaient pas.

Chambre, dite la sale du canon (ou commun). 16. Une grande table de charpente, servant de table à manger des domestiques, 6 l.

Chambre servant d'office. 17. Argenterie, tant en plats, assiettes, couverts, flambeaux, le tout pesant 187 marcs, estimé 48 l. le marc, 8,976 l.

18. Deux grandes poiles à provision, une petite poile, un poilon, une écumoire, quatre feuilles de cuivre (1), une caffetière, le tout cuivre rouge, 18 l.

19. Quatre tamis fort usés, 15 s.

20. Un mortier de marbre blanc, 3 l.

21. Un moulin à caffé, 1 l. 10 s.

22. Un alembic (2) et un réchaud, le tout de cuivre rouge, 20 l.

23. Un gaufrier de fer, 2 l.

24. Quatre caffettières fer blanc, percées, 10 s.

25. Une armoire avec linge, l'armoire seule, 18 l.

26. Un coffre, 3 l.

27. Deux tables, cinq chaises de paille, deux buffets, une étuve fermant à clef, fort vieille et sans rien dedans, 6 l.

28. Une table, un placard à deux battants, huit petits flambeaux de cuivre jaune ou potin, 6 l.

29. Douze boules d'étain servant à réchauffer les plats et pesant avec la vaisselle d'étain servant à la sale du commun, 37 l.

30. Un bassinoir, 10 l.

Chapelle du château. 31. Deux calices, avec leurs patènes, un en vermeil aux armes de la maison, un en argent, 200 l.

32. Trois ornements, un de moire en argent à fleurs, bordé d'une dentelle en argent; un de damas blanc, un noir; deux aubes avec leurs amis, 200 l.

33. Une paire de burettes, avec leur bassin, en argent; un missel, deux petits flambeaux de fayance et deux autres de bois, 50 l.

Cave. 34. Quatre barriques de vin de Bas-Limousin pour les maîtres, 200 l.

35. Sept barriques de vin de Périgord pour les domestiques, 210 l.

36. Cinquante bouteilles de verre noir, 10 l.

Salon à manger. 37. Une table de marbre, cassée en trois morceaux, un pied en menuiserie, 10 l.

38. Une table à manger, avec un pied en chêne, 4 l.

39. Huit fauteuils de paille, dont moitié avec coussin (3), 6 l.

40. Deux fontaines de fayance, cassées, sans cuvette, 3 l.

41. Un lustre de bois doré, fort ancien, 8 l.

42. Un tableau sur une cheminée, avec son cadre doré.

43. Une paire de chenets, pelle et pincette, 6 l.

44. Une petite table à huit carrés (4), 3 l.

---

(1) Pour faire la pâtisserie.

(2) « Plus un fourneau à pied, de cuivre, servant à distiller de l'eau de rozes » (*Inv. du chât. de Jarnac*, 1608, n° 58).

(3) Le coussin constituait la bergère.

(4) Octogone.

Chambre au-dessus du salon. 45. Quatre pièces de brocatel (1) rouge, fort anciennes et uzées, 30 l.

46. Un lit, dont le dedans de satin vert piqué, ses pantes, bonnes graces et soubassements en point d'Hongrie, la housse d'une serge jaune, avec son bois de lit, le tout vieux et passé ; le coucher composé d'un saumier (2), un lit de plume, deux matelats, un traversin et une courte pointe d'indienne, une couverture de coton, 2s0 l.

47. Une petite comode de trois tiroirs, en bois de pallissandre, fort gatée et uzée, avec son dessus de marbre écorné, 20 l.

48. Un petit bureau en noyer, à huit tiroirs et une porte, 8 l.

49. Une paire chenets, pelle et pincette, 6 l.

50. Une petite glace basse sur la cheminée, de deux pièces, avec un tableau et son cadre doré.

51. Six chaises de tapisserie à gros point, avec leur bois à la capucine (3), 48 l.

52. Un lit à la Maintenon, en noyer, avec sa garniture de dedans, 90 l.

Une chambre à la suite. 53. Cinq pièces de tapisserie haute lice, anciennes, représentant des chasses, 350 l.

54. Un lit à la duchesse, avec le dedans de satin bleu en broderies rapliquées, anciennes, ses pantes, bonnes grâces et soubassements de damas bleu, une courte pointe de satin en broderies rapliquées, pareille au dedans du lit, avec la housse de serge jaune, le tout fort passé ; le coucher : un saumier, un lit de plume, un traversin, deux matelats, deux couvertures de soye, une de laine fine, 350 l.

55. Sept fauteuils de tapisserie, demi uzés, 70 l.

56. Huit chaises de tapisserie, demi uzées, 50 l.

57. Une commode de trois tiroirs, en bois de pallissandre, 30 l.

58. Une glace en deux pièces sur la cheminée et un tableau au-dessus, le tout simplement encadré dans la menuizerie, sans ornement ni dorure.

59. Une paire chenets et pincette.

60. Une table de chesne à pied de biche et une petite table de noyer, 8 l.

L'antichambre de la chambre ci-dessus (elle sert de garde robe). 61. Un lit, garni d'étoffe de païs grise ; le coucher composé d'une paillasse, un matelas, un traversin et une couverture laine, 20 l.

Chambre dite la Blondeau (4). 62. Deux armoires, 10 l.

63. Seize paires draps fin, demy uzés, 160 l.

64. Cent-onze paires draps toile de païs, fins, demi uzés, 666 l.

65. Trente-sept paires draps d'étoupe, aux trois quarts usées, 111 l.

66. Quatre-vingt dix-sept douzaines serviettes ouvrées, de toile de païs, demi usées, 760 l.

67. Quatre-vingt-quatre napes, 252 l.

(1) Voir ce mot à la table des matières, t. I et II des *Œuvr. compl.*

(2) « *Sommier*, terme de tapissier. C'est un gros matelas, rempli de crin, qui sert de paillasse, qui fait partie de la garniture d'un lit » (*Trév.*)

(3) C'est-à-dire brut, non peint ni verni.

(4) Cette chambre était affectée au linge.

68. Deux douzaines grosses serviettes pour la cuisine, quatre napes et six tabliers, 10 l.

La grand salle : 69. Tendue de six pièces de tapisserie haute lice, représentant des chasses et embarquement, toulles aux armes de la maison, 950 l.

70. Quatre tableaux de famille, de grandeur naturelle ; un tableau de famille, de moyenne grandeur.

71. Un tableau de Louis XIV, grandeur naturelle, à cheval, avec son cadre doré, 150 l.

72. Quatre tableaux, faisant le dessus de quatre portes (1), simplement encadrés dans la menuizerie.

73. Plus, deux autres tableaux, de moyenne grandeur, représentant deux princes du sang et quatre plus petits, dont deux représentant deux scavantes et les autres deux des éléments, tous avec leurs cadres dorés, 108 l.

74. Deux lustres (2) à bras, de bois doré, 12 l.

75. Une comode en bois de palissandre, 12 l.

76. Une comode en bois de noyer, 18 l.

77. Divers morceaux de tapisserie.

78. Plus, un fauteuil de commodité (3), à gros point, 12 l.

79. Deux saufas (4) (sophas) en satin sufide, fort uzé, 25 l.

80. Une armoire en cerisier, contenant les habits et linge à l'usage du feu Mgr. des Cars, lesquelles choses étant destinées pour les domestiques ne seront pas estimées, 15 l.

81. Deux tables, couvertes d'un tapis de Turquie, 40 l.

82. Six rideaux aux fenestres, de toile de païs, avec tringles, 24 l.

83. Deux chenets, garnis en cuivre jaune, 12 l.

Chambre dite des miroirs, contiguë à celle ci-dessus : 84. Cinq pièces de tapisserie Flandre, représentant l'histoire d'Astrée, la sixième pièce est au garde meuble, 600 l.

85. Un lit impériale, avec son dedans de damas blanc et une brodure en velours cramoisy rapliquée, ses pantes, bonnes graces et soubassement en tapisserie à gros point, avec sa courte pointe également de damas blanc et la brodure en velour rapliquée, la housse en serge rouge, le tout fort uzé et le coucher composé d'un saumier, deux matelats, un traversin, deux couvertures, 525 l.

(1) Des tableaux à l'huile, points sur toile, au siècle dernier et encadrés dans la menuiserie, existent encore aux Châtelliers (Deux-Sèvres), au dessus des quatre portes du grand salon.

(2) « *Lustre*, chandelier de cristal ou de bronze, à plusieurs branches, qu'on suspend au plancher pour éclairer un appartement » (*Trév.*). On en faisait aussi en bois et les *branches* se nommaient *bras* en Limousin.

(3) « Une chèse de comodité, avec son carreau garni de damas couleur vieil acier, avec une frange d'argent » (*Inv. de Fr. d'Auriol, 1714, nº 5*).

(4) « On confond quelquefois le canapé avec le sofa » (*Trév.*)

86. Deux fauteuil de damas, avec un oreillier et un petit traversin, 20 l.

87. Huit fauteuils de tapisserie à gros points, un tabouret de même espèce, 100 l.

88. Une comode de noyer, en trois tiroirs, fermant à clef, contenant des lettres, 40 l.

89. Un lit de repos (1) en satin, fort vieux et usé, 50 l.

90. Une encoignure de bois de palissandre, avec une autre petite au-dessus en tablettes, garnies de cinq pièces de porcelaine, 50 l.

91. Un miroir, avec son cadre doré, 40 l.

92. Un tableau de famille sur la cheminée, seulement encadré dans la menuiserie.

93. Une garniture de cheminée de neuf pièces de porcelaine chinoise, 10 l.

94. Deux bras ou porte bougie dorés, à la cheminée, 5 l.

95. Une table à cadrille (2), de bois de chesne, 5 l.

96. Deux mauvais chenets et une pincette, 10 l.

Petite antichambre à côté : 97. Un lit de domestique à tombeau, garni d'étoffe de païs grise, avec deux mauvais matelats, un traversin et une couverture laine, 24 l.

La chambre dorée, au bout de la grande salle : 98. Sept pièces de tapisserie haute lice, représentant des personages et des animaux, fort usée, 400 l.

99. Un lit à l'impériale, dont les dedans, soupantes et bonnes grâces sont de damas cramoisy, garny d'une frange d'or, avec sa housse en serge de laine cramoisie. Le coucher dudit lit est composé d'un saumier, un lit de plume, deux matelas, un traversin, une couverture coton, une laine, 910 l.

100. Six fauteuils de damas cramoisy, franges d'or, à bois doré, fort antiques, 144 l.

101. Six chaises de tapisserie à gros point, avec le bois à la capucine, 48 l

102. Une comode de palissandre, quatre tiroirs, toute décollée, 70 l.

103. Un miroir encadré, en bois et verre, 150 l.

104. Quatre tableaux en médaille (3), représentant les quatre élémens, avec leurs cadres dorés, 192 l.

105. Deux tables, dont l'une à cadrille, l'autre à écrire, 6 l.

106. Huit pièces de porcelaine faisant la garniture de cheminée, 20 l.

107. Deux jattes de porcelaine, 5 l.

108. Un vieux écran de gros point, déchiré, 3 l.

109. Une paire vieux chenets, garnis de cuivre, 6 l.

Petite chambre à côté, servant à coucher un domestique : 110 Un lit, avec un rideau de serge rouge, garni de paillasse, un lit de plume, un matelat, un traversin, le tout fort usé, 24 l.

Chambre contigue : 111. Un petit lit de plume, avec son traversin ; un grand lit de plume, avec son traversin; un lit de plume, sans traversin, 75 l.

(1) « On appelle *lit de repos* un petit lit sans rideau et sans pavillon, qu'on met ordinairement dans un cabinet pour se reposer. » (*Trév.*)

(2) Pour le jeu de ce nom.

(3) Ronds ou légèrement ovales

112. Huit paillliasses, 10 l.

113. Quatre couvertures de mulets aux armes de Jarsé (1), 250 l.

114. Une pailliasse neuve, 10 l.

115. Six pièces de tapisserie haute lice à personnages, fort uzées, 400 l.

116. Trois grandes pièces de tapisserie en verdures et chasses et en petits personnages, 170 l.

117. Quatre autres pièces de tapisserie d'Aubusson, représentant l'histoire de Joseph et ses frères, 130 l.

118. Sept autres pièces de tapisserie à petits feuillages, fort uzées, 140 l.

119. Six autres pièces de tapisserie en feuillages, très mauvaises, 60 l.

120. Un lit de tapisserie à bandes de velour noir, doublé de satin jaune, complet, bordé d'une frange et six fauteuils de même, faitz en housse (2), 450 l.

121. Un lit à bandes de point d'Hongrie, en soye, avec desid (dessin?) de moire jaune, doublé d'un taffetas jaune, bordé d'une frange et complet, très mauvais, 250 l.

122. Trois courtepointes d'indienne, piquées, avec une autre d'un taffetas violet, liserée d'un cordonnet blanc, 50 l.

123. Deux courtepointes de Marseille, blanches, à domy uzées, 90 l.

124. Un lit d'un taffetas vert, avec ses rideaux de serge, sans courtepointe, fort uzé, 55 l.

125. Un lit d'un damas vert, fort passé, avec ses rideaux, la housse de serge verte, avec six petites chaises antiques à housse, 85 l.

126. Un lit d'indienne, sans rideaux, fort uzé, 50 l.

127 bis. Deux couvrepieds, l'un d'étoffe des Indes, l'autre de moire verte piquée, 25 l.

127. Deux oreilliers pour des fauteuils, avec les dessus de damas jaune et quelques fleurs en argent; un oreiller d'un mauvais couty, 10 l.

128. Un lit de camp en damas rubis, demy uzé, 120 l.

129. Trois petits rideaux de fenestre d'indienne, très mauvais, 30 l.

130. Deux porte manteaux, presque neufs, jaunes. Une malle de lit de camp de cuir et deux malles à chaises, 150 l.

131. Une table de marqueterie en écaille, avec ses deux guéridons pareils, cassée et uzée, 15 l.

132. Huit barres tournantes, 18 l.

133. Deux drats points de toile de ménage, très uzés, 4 l.

134. Neuf tableaux de différente grandeur, dont huit avec leurs cadres (3) dorés et un sans cadre, 50 l.

135. Deux petits tableaux de peinture flamande, sans cadre, 8 l.

136. Vingt quatre bandes de tapisserie au gros point, avec quatre rouleaux de la même espèce; plus un lit conforme à la tapisserie, les tours avec les soubassements de la même couleur, les dedans d'un taffetas vert piqué en écaille, sans rideaux et uzé, 350 l.

(1) Jarzé, terre seigneuriale en Anjou.

(2). « *Housse* se dit des couvertures de meubles, de chaises, de lit. » (*Trév.*)

(3) « Trois cadres » (*Inv. des Capucins de Bourbourg*, 1791).

137. Six fauteuils, au même point des bandes cy-dessus, quy n'ont jamais été montés, 60 l.

138. Trois fauteuils complets, dont deux à fond jaune, un fond blanc et ramage vert, avec trois autres morceaux de tapisserie, 45 l.

139. Un tour de lit, fond brun et brodé en soye, avec ses soubassements, les deux bonnes grâces de la même façon, trois soubassements de pareilles d'un taffetas à bandes de plusieurs couleurs, 45 l.

Chambre dite le cabinet doré : 140. Deux pièces de mauvais brocatel, faisant la tenture d'icelle, 24 l.

141. Un lit, dont le dedans est d'un mauvais taffetas flambé, les pantes et bonnes grâces de satin, une housse de serge jaune ; le coucher composé d'un saumier, deux matelats, un lit de plume, un traversin, une couverture coton, une courtepointe d'indienne, 195 l.

142. Un mauvais petit bureau, 4 l.

143. Quatre chaises, encadrées de brocatel cramoisy, à gros point, avec une chaise de paille, 24 l.

144. Une paire chenets, 5 l.

145. Une petite garde robe à côté, un lit, une paillasse, un matelat, un traversin et une couverture laine, 10 l.

Chambre au bout de la gallerie : 146. Cinq pièces de vieille tapisserie haute lice, faisant la tenture d'icelle, représentant fleurs et animaux, délabrée, 120 l.

147. Deux lits jumeaux (1) à la duchesse, dont les dedans sont de taffetas de Florence blanc fort passé, les pantes et bonnes grâces de satin vert, encadrées de point d'Hongrie, leurs housses de serge jaune ; les couchers de chacun des deux lits composés d'un saumier, un lit de plume, deux matelas, un traversin, une couverture coton, une courtepointe indienne, 300 l.

148. Trois fauteuils de tapisserie usés, 24 l.

149. Douze chaises, dont six en point d'Hongrie en soye, encadrées de damas bleu et les autres six de gros point, 72 l.

150. Deux rideaux de fenêtre d'une mauvaise toile du pays, 4 l.

151. Trois vieux fauteuils paille et une chaise, 2 l.

152. Une table de chêne à pied de biche, 2 l.

153. Une paire chenets, pelle, pincette, 10 l.

154. Cinq pièces de fayance faisant la garniture de la cheminée, 3 l.

Petite garde-robe à côté : 155. Un lit garny d'étoffe de pays, et coucher composé d'une paillasse, un matelat, un traversin, 18 l.

Deuxième étage du château, chambre au bout du colidor à droite : 156. Meublée de sept pièces tapisserie haute lice à fleurs et feuillages, fort uzé, 150 l.

157. Un lit de camelot de laine bleu, garny de ruban jaune liseré, les pantes, bonnes grâces et soubassement pareilles, la housse de serge de laine jaune ; le coucher composé d'un saumier, quatre lit de plume, deux

---

(1) « Lit *double* ou *lits jumeaux*, lit dont on peut faire deux lits à volonté » (*Dict. de Larousse*).

matelas, un traversin, une couverture coton, une laine, une contrepointe indienne, 190 l.

158. Un vieux miroir antique, garni en bois et verre, 55 l.

159. Un tableau de famille, encadré dans la boisure de la cheminée.

160. Deux tableaux de famille, avec leurs cadres dorés, fort anciens.

161. Un lit de camp d'indienne, composé de deux matelas, un traversin, une courtepointe d'indienne, 150 l.

162. Une comode de palissandre, dont le placage est presque enlevé, contenant hardes et linges, 35 l.

163. Une petite table en cerisier, avec son tiroir, 8 l.

164. Un vieux fauteuil de tapisserie et six mauvaises chaises de tapisserie, 24 l.

165. Un vieux fauteuil et deux chaises de paille, 1 l. 10 s.

166. Une paire chenets, garnis en cuivre jaune, pelle, pincette, 11 l.

167. Un paravent fort uzé, avec cinq feuilles, garni d'étoffe verte, 4 l.

168. Quatre rideaux aux deux fenêtres, de toile de ménage, avec leurs tringles, 10 l.

Petite chambre à côté, servant à coucher un domestique : 169. Un lit à tombeau, garni de serge verte ; le coucher composé d'une paillasse, un matelas, un traversin et une couverture d'étoffe de pays, 18 l.

170. Une vieille chaise de paille, 10 s.

Autre chambre pareille dans l'enfoncement d'une fenêtre du colidor : 171. Un mauvais lit à tombeau, comme dessus, 24 l.

Première chambre du colidor, à droite : 172. Cinq pièces de tapisserie d'Aubusson, à personnages, fort uzées et passées, 130 l.

173. Deux lits jumeaux en indienne, dont les dedans de toile peinte, avec leurs courtepointes d'indienne, sans soubassement, les housses de serge jaune ; les couchers composés de deux paillasses, deux lits de plume, deux traversins, trois matelas, deux couvertures, 230 l.

174. Une table à écrire, dont les pieds sont cassés, 1 l.

175. Six vieilles chaises d'étoffe jaune, 12 l.

176. Un vieux miroir, 40 l.

177. Une paire chenets, pelle, pincette, 6 l.

Garde-robe au-dessus de la chambre : 178. Un lit sans rideaux ; les couchers composés d'une paillasse, un lit de plume, un traversin, une courte-pointe en toile peinte, 18 l.

Chambre au milieu du colidor : 179. Cinq pièces de tapisserie d'Aubusson, représentant l'histoire de Cléopâtre, 200 l.

180. Deux lits jumeaux, dont les tours sont d'indienne bleue, bordés d'indienne d'autre couleur, avec leurs housses jaunes ; les couchers composés de deux paillasses, quatre matelas, deux lits de plume, deux traversins, deux couvertures laine, deux courtepointes indienne, 300 l.

181. Une petite banquette à deux places, fort vieille, 2 l.

182. Une paire petits chenets de fer, pelle, pincette, 5 l.

183. Une vieille table à pied d'écrevice, avec un tiroir, 3 l.

184. Deux vieilles chaises de tapisserie de diverses couleurs, 24 l.

185. Deux petites chaises de paille, 1 l.

Petite garde-robe à côté : 186. Un petit lit de plume, un traversin, une courtepointe, une paillasse, le tout pour coucher un domestique, deux vieilles chaises de tapisserie, 20 l.

Chambre au bout du colidor : 187. Cinq pièces tapisserie d'Aubusson, aux armes de la maison, fort uzées et gattées par les rats, 150 l.

188. Un lit, dont le dedans de toile pointe ; le coucher composé d'une paillasse, un matelas, un lit de plume, un traversin, une grosse couverture laine, une courtepointe d'indienne, 120 l.

189. Un petit lit à quatre quenouilles, la housse d'étoffe de laine jaune très uzée ; le coucher composé de deux paillasses, un lit de plume, un traversin, un matelas, une couverture laine et une de toile pointe, 50 l.

190. Une table noyer à tiroir, 5 l.

191. Quatre mauvais fauteuils antiques de drap vert, 3 l.

192. Une vieille table, couverte d'un tapis vert uzé, 2 l.

193. Une vieille banquette toute déchirée, 3 l.

Chambre dite la tour du petit bonhomme : 194. Quatre vieilles tapisserie haute lice, dépareillées, rongées, 80 l.

195. Deux lits jumeaux, dont les dedans sont de grosse toile pointe, les housses de serge jaune; les couchers, deux paillasses, deux lits de plume, deux traversins, deux matelas, deux couvertures laine, deux courtepointes d'indienne, 210 l.

196. Six mauvaises chaises de drap vert et un fauteuil pareil, 10 l.

197. Une table chêne à pied de biche, 4 l.

198. Deux chenets, une pelle, 3 l.

Petite garderobe à côté : 199. Un petit lit, un matelas, un traversin, une couverture serge, 6 l.

Chambre servant d'antichambre à l'appartement qu'habite la marquise : 200. Cinq pièces de tapisserie, en cuir argenté, servant de tenture à la dite chambre, fort uzées, 50 l.

201. Un mauvais tableau détrempé, dans la boisure de la cheminée.

202. Un tableau dans la boisure sur la porte.

203 Un bas d'armoire à deux battants, fermant à clef, contenant quelques hardes de domestiques, 24 l.

204. Deux lits à quatre quenouilles, dont l'un a ses rideaux d'étoffe verte et l'autre jaune ; les couchers ont chacun une paillasse, deux matelas, un traversin, une couverture laine, une courtepointe indienne, 65 l.

205. Un secrétaire en noyer, 40 l.

206. Deux fauteuils, quatre chaises paille, 4 l.

207. Une paire petits chenets, 3 l.

Chambre occupée par la marquise, boisée en plein : 208. Deux lits jumeaux en niche, dont les dedans sont de coton blanc piqué, les pantes, bonnes grâces et soubassements d'indienne ; les couchers ont chacun un saumier, un lit de plume, un traversin, deux matelas, une couverture laine rouge fine, deux coton, la courtepointe bardante de coton blanc piqué, les rideaux de futaine bleuye. Le deuxième lit a une paillasse, deux matelas, un traversin, une couverture soye, une d'indienne, la courtepointe bardante de coton blanc piqué, les rideaux de futaine bleue, 410 l.

209. Sept fauteuils anciens de tapisserie gros point, un tabouret de même, 75 l.

210. Un petit miroir à cadre doré, 30 l.

211. Une pendule ancienne (1), 100 l.

212. Un tableau sur la cheminée et trois petits tableaux sur les portes, 12 l.

213. Un secrétaire en noyer, ne contenant que lettres concernant Madame la marquise.

214. Une petite table à écrire, en noyer, 3 l.

215. Une table de toilette, 4 l.

216. Une table en cerisier avec tiroirs, 3 l.

217. Deux chenets fer battu et une pelle, 6 l.

Petite chambre à côté : 218. Tendue de trois mauvais morceaux de grosse toile peinte en bleu, 6 l.

219. Un petit lit à quatre quenouilles, à rideaux de grosse toile peinte ; coucher, une paillasse, un lit de plume, un matelat, un traversin, une couverture indienne piquée, 40 l.

220. Une table noyer à un tiroir, 3 l.

221. Une table noyer à un tiroir, 1 l. 10 s.

222. Trois petites chaises pailles, 30 s., 1 l. 10 s.

223. Un rideau à la fenêtre, 4 l.

224. *Cabinet à côté de la première antichambre,* que l'on nous a dit servir de trésor pour la garde et conservation des titres de la maison.

Chambre sur celle de la marquise : 225. Quatre lits, dont trois grands en étoffe de païs grise et une en serge verte ; couchers, quatre paillasses, quatre matelats, un lit de plume, quatre traversins, quatre couvertures laine, une d'étoffe de païs grise, 120 l.

226. Une chaise paille et une table, 1 l. 10 s.

Pavillon au coin de la terrasse, Chambre au rez-de-chaussée servant à la recette : 227. Un lit sans rideau ; coucher, une paillasse, un lit de plume, un traversin, une couverte de serge de laine, 18 l.

Chambre de la recette au premier : 228. Un lit en niche, avec un rideau devant en serge verte ; coucher, un lit de plume, deux matelats, un traversin, une paillasse, une couverture laine et une de serge de laine, 40 l.

229. Deux tables en cerisier, 10 l.

230. Une table et trois chaises paille, deux chenets fonte, 10 l.

Pavillon faisant le coin du jardin, servant à faire lessive : 231. Un moulin à bluter, un cuvier, deux maits.

Chambre sur la boulangerie : 232. Vingt-sept setiers baillarge, 81 l.

Écurie : 233. Six juments ou chevaux de carosse, quatre mulets de litière (3), un de bât, trois chevaux de selle, le tout servant à l'équipage de la marquise.

234. Cinq chevaux hors de marque, 500 l.

(1) « Une pendule à répétition de l'heure » (*Inv. du baron de Ville,* 1708, n° 19).

(2) « *Litière,* sorte de voiture ou corps de carrosse, suspendu sur des brancarts et porté ordinairement par des mulets, l'un devant, l'autre derrière » (*Trévoux*).

235. Quatre mulets hors de marque et ayant fait plusieurs campagnes de guerre, 224 l.

236. Un étalon, 300 l.

237. Un vieux baudet, 60 l.

238. Quatre couchettes, garnies chacune d'un matelas, un traversin, une courtepointe, servant à coucher les palefreniers, 40 l.

239. Un coffre à avoine, 30 sols.

Grenier au-dessus : 240. (froment, ou seigle, avoine, mesurés au setier, mesure des Cars).

Dans les ménageries faisant la clôture de la cour des écuries : 241. Trente moutons, 60 l.

Écurie au-dessous et attenante : 242. Deux juments poulinières ayant chacune une pouline, 224 l.

243. Deux couchettes pour les palefreniers, un matelas, un traversin, une couverture, 20 l.

244. Deux poulins, 110 l.

Grange à mettre paille et grains des dîmes : 245. (paille de froment et de seigle).

Grange à foin attenante : 246. (foin).

Grange dite grange neuve : 247. Six brettes (1) et un petit veau, 164 l.

Remise : 248. Une berline (2) à quatre places, avec six harnais de campagne complets et la selle du postillon, trois selles de domestique et deux bâts de mulets, le tout faisant partie de l'équipage de Madame.

249. Une calèche (3) à six places, doublé de velours dutrec (d'Utrecht) gris, des portières et panneaux fracassés, les quatre roulles hors d'état de servir, le limon cassé, les montants de devant fracassés, non sortie depuis sept ans.

250. Une vieille berline non sortie depuis 1733, roues mauvaises, sans panneaux ni glaces, cuir pourri. Le tout 220 l.

251. Une chaise de poste, (4), doublée de pané (5) sur soye fort passée, avec ses deux harnais, 400 l.

252. Une litière, doublée de velours d'Utrec jaune, fort passé, avec ses deux selles, brides, tabliers et ventrières, 200 l.

253. Un brancard pour des malades, couvert de toile cirée, doublé d'une grosse toile en dedans, 40 l.

(1) *Brette* se dit d'une vache laitière, ayant actuellement du lait ; d'où la locution *la brette de la maison*, qui fournit le lait de la maison.

(2) « *Berline*, espèce de carrosse, venue de Berlin » (*Trévoux*).

(3) « *Calèche*, petit carrosse coupé, qui a d'ordinaire plusieurs ornements » (*Trévoux*).

(4) « *Chaise* signifie aussi une voiture pour aller assis et couvert tant dans la ville qu'à la campagne » (*Trévoux*).

(5) « *Panne*, étoffe toute de soie, dont les filets traversants sont composés et forment une espèce de poil qui est plus long que celui du velours et plus court que celui de la peluche » (*Trévoux*).

254. Plusieurs faux traits, bricolles (1), ameublements, tous pourris et cassés, 6 l.

255. Un chariot à l'allemande, avec ses quatre colliers complets, 120 l.

256. Quatre colliers pour des mulets, 40 l.

257. Huit selles de domestique, 100 l.

258. Douze filets d'abreuvoir, 18 l.

259. Une selle à l'angloise, couverte de velours bleu, 30 l.

260. Une autre selle de maître, à troussein de velours bleu de roy, avec ses harnois, sangles, étriés, fontes et couvertures, 30 l.

261. Une selle de velours cramoisy et trois paires de fontes, 80 l.

262. Huit bâts de mulets, avec leurs têtières, tabliers, ventrières et moreau (2), 80 l.

263. Quatre mors de brides tous neufs, trois garnitures de brides, dont une en or, une en argent et une en cuir d'Angleterre, 40 l.

264. Trois paires de sangles neuves, 12 l.

265. Une housse et chaperon de velours bleu de roy, brodée en or, avec son émouchoir (3) et bridon de soye bleu bordé en or, 400 l.

266. Une housse de velour bleu, avec ses chaperons brodés en argent et franges, son émouchoir en soye, 150 l.

267. Une housse et chaperon de velours cramoisy, garnie d'un galon d'or. — Une housse et chaperon de velour cramoisy, garnie d'un galon sistôme (4). — Une housse de velour d'Utrec et chaperon jaune, 220 l.

Domaine de la Porte..... 268. Deux charrètes futines (5).

Trésor : 269. Une malle en forme de bahu, couverte de cuir, fermant à clef, contenant plusieurs sats remplis d'argent en écus de 6 livres et de 3 livres, faisant 45,400 livres.

270. Une armoire neuve, scellée au mur, à trois battants, disposés pour recevoir un grillage de fil d'archal, contenant 400 volumes de petits livres in-12, poésie, histoire, 200 l.

271. Une table de bois, ouvrage commun, où sont des papiers épars, mémoires, lettres, projets, 6 l.

272. Une table de bois, en ouvrage commun, 3 l.

273. Une grande armoire scellée, à quatre battants, fermant à clef, vingt-huit tiroirs, contenant papiers... Par acte du 20 février 1690, la majeure partie des paroissiens des Cars reconnaît que la poule de communion (6) est due au Sgr des Cars.

(1) « *Bricole*, terme de bourrelier, partie des harnais d'un cheval de carrosse » (*Trévoux*).

(2) « *Moreau*, espèce de cabas de corde ou de jonc, dans lequel on donne à manger aux mulets, lorsqu'ils marchent » (*Trévoux*).

(3) « Le caparaçon, fait de réseau avec des cordes flottantes, qui sert à garantir les chevaux des mouches, s'appelle *émouchette* » (*Trévoux*).

(4) « Un gallon d'or à systôme, de trois doigts de large et d'une aulne de long » (*Inv. de N. D. de Beaujeu*, 1784, n° 21).

(5) « Deux charrettes, l'une ferrée et l'autre futine » (*Inv. du chât. de la Chèze*, 1690, n° 7). Une charrette *futine* est donc celle qui n'est pas ferrée.

(6) C'est la première fois que je rencontre une expression de ce genre.

Cet inventaire considérable a une réelle importance au point de vue de l'aménagement intérieur d'un château, tenu avec luxe, en raison du rang élevé de son propriétaire, qui était en 1759 François des Cars, marquis, comte et baron, « mareschal des camps et armées du roy et son lieutenant général en Limousin, menin du dauphin ».

Les murs des appartements sont tendus de trois façons : en brocatelle, en cuir et en tapisserie. Les tapisseries, fort nombreuses et anciennes pour la plupart, ont, quand on les désigne nommément, une double origine : *Flandre* et *Aubusson*.

Les meubles consistent en lits, armoires, coffres, bureaux, tables à manger, à écrire et à jouer, de toilette, secrétaires, commodes, encoignures, chaises, fauteuils, banquettes, tabourets, guéridons, tableaux, miroirs, pendules.

Parmi les tableaux quelques-uns sont de fantaisie, comme ceux qui représentent les éléments (1), mais il y a aussi des portraits de famille, entr'autres Louis XIV à cheval.

Les lits admettent une grande variété de formes et de noms : à la *Maintenon*, à la *duchesse*, à *tombeau* (2), à *l'impériale*, à la *romaine*, à *quenouilles*, en *niche*, de *repos*, *jumeau* ; le lit le plus petit est appelé *couchette*.

Le bois employé aux meubles est *cerisier*, *noyer* (3), *palissandre*.

Les étoffes et tissus sont représentés par les suivants : *brocatelle* (cramoisie, rouge), *camelot* (bleu), *coton* (blanc), *damas* (blanc, bleu, cramoisi, jaune, rubis, vert), *futaine* (4) bleue, *indienne* (bleue, multicolore), *moire* (jaune, verte), *satin* (jaune, vert), *serge* (5),

Peut-être cela veut-il dire que le marquis des Cars, en qualité de seigneur local et de fondateur probable de l'église, fournissait, chaque année, aux frais de la communion pascale, qui comportait une certaine quantité de blé pour les hosties et de vin pour l'ablution ; par reconnaissance, les paroissiens lui auraient offert une poule en hommage.

(1) « Quatre pièces représentant les quatre éléments, le tout des Goblins » (*Inv. du baron de Ville*, 1717).

(2) « Un bois de lict, garni de matelats, traversin et housse en tombeau de futaine. Un lict brisé à tombeau, garni de serge grise » (*Inv. du baron de Ville*, 1708, nos 29, 32).

(3) « Plus, un chaslit de bois de nouhier, foncé hault et bas » (*Inv. de Jarnac*, 1668, nos 72, 73).

(4) Un baignoire, garni de son thour de rideaux de futaine des Indes » (*Inv. du baron de Ville*, 1708, n° 21).

(5) En 1607, la ville d'Angoulême habillait « les sergents de la maison commune » de « manteaux de drap de Paris, coulleur de vert brun », de « juppes », de « haultz et bas de chausses, de serge de Beauvoys, de la coulleur susdite ». — « Un lict d'usage, garni de sa housse de serge d'Angleterre » (*Inv. du baron de Ville*, 1708, n° 19).

(jaune, rouge, verte), *taffetas* (blanc, flambé, jaune, multicolore, vert, violet, de Florence), *toile* (de ménage, du pays, peinte (1), *velours* (bleu, bleu de roi, cramoisi, gris, jaune, noir, d'Utrecht).

On remarquera les rideaux aux fenêtres, les garnitures de cheminées, les faïences et porcelaines et parmi elles, celles qui sont chinoises.

III. — CHATEAU DE LA RENAUDIE (1759)

Cuisine : 1. Quatre casseroles cuivre, trois marmites fer, un gril, une broche, une poêle à frire, une paire chenets de fonte, une pelle, pincette, 33 l.

Grande salle basse : 2. Dix pièces de tapisserie haute lisse en verdure, chacune aux armes de la maison, 100 l.

3. Deux lits dont les tours sont de berguame blanche et brune, chaque coucher a une paillasse, un lit de plume, un traversin, deux matelas, sans couverture ni courtepointe, 60 l.

4. Deux tables communes, 3 l.

5. Vingt chaises ou fauteuils de paille, 5 l.

6. Deux petites armoires, 4 l.

Sallon du premier : 7. Six pièces de tenture de drap vert, sur lequel sont représentées les différentes alliances de la maison ; plus deux pièces non tendues, 30 l.

Chambre y joignant : 8. Trois pièces tapisserie verdure en haute lisse, dont l'une est dépendante de la tenture de la grand salle, une autre bande de tapisserie assortie aux deux premières, avec le dessus de la porte qui est pareille (2), le tout, 80 l.

9. Plus, un tour de lit d'étoffe verte, usé ; le coucher, une paillasse, un lit de plume, deux matelas, un traversin, une mauvaise couverture laine, le tout fort usé, 40 l.

10. Une couchette de bois, garnie d'un lit de plume, un traversin, un matelas, un mauvais morceau de serge verte, doublé de toile, servant de couverture, 10 l.

11. Six chaises et six fauteuils paille, 3 l.

12. Deux petits chenets anciens, 3 l.

13. Une table noyer, 3 l.

(1) « Plus, un lit de camp, avec les rideaux d'une étoffe rouge, avec... deux couvertes, l'une de laine et l'autre de toile peinte piquée ». (*Inv. de Fr. d'Auriol*, 1714, n° 19). — Voir sur la toile peinte, Havard, *Dict. de l'ameublement*, t. IV, p. 215.

(2) Au palais du Vatican existe une frise en tapisserie qui forme dessus de porte (*Œuvr. compl.*, t. II, p. 44).

Salle au-dessus de la grand salle : 14. Une vieille armoire et une table ancienne, avec ses ajoutés en charnières (1), 6 l.

Chambre y attenant : 15. Trois pièces de tapisserie brocatelle jaune, encadré de brocatelle cramoizi, fort passé, 24 l.

16. Un vieux lit à la duchesse, dont les dedans sont également de même étoffe, les rideaux de serge orore (aurore) (2), fort usés ; le coucher comme dessus dit, 40 l.

17. Deux tables de nohier (noyer), à un tiroir, 6 l.

18. Chenets, pelle, pincette, cinq chaises et deux fauteuils paille, 5 l.

2° étage, 1re pièce : 19. Un bois de lit sans garniture, rideaux, surciel (3), une paillasse, deux lits de plume, sans traversin, 15 l.

20. Dix chaises paille et une table, 3 l.

2° pièce : 21. Deux bois de lit, deux matelas, un lit et un traversin de plume, 20 l.

22. Une table, deux chaises paille, 3 l.

23. Chenets de fonte, 5 l.

3° pièce : 24. Un vieux lit de bergame et son coucher comme dessus, 30 l.

25. Deux chenets, 3 l.

Logement de la recette, 1re chambre : 26. Trois bois de lit avec leur tour d'une mauvaise étoffe verte, trois paillasses, trois lits et traversins de plume, un matelas, 60 l.

27. Trois couvertures laine, 4 l. 10 s.

28. Un coffre et deux armoires, 18 l.

29. Cinq chaises paille, une table, 3 l.

2° chambre : 30. Deux lits de domestique, deux paillasses, deux matelas, deux couvertures, 12 l.

31. Trois vieux coffres, deux chenets de fonte, 6 l.

32. Cinquante-cinq livres d'étain commun, en plats, assiettes et cuillères, à 15 sols, 41 l. 5 s.

33. Quatre bassins d'airin, 6 l.

34. Trente draps, dont dix de maître et vingt d'étoupe, 90 l.

35. Cinq douzaines serviettes, une fine, et quatre d'étoupes, 15 l.

36. Une nape fine, 4 l.

37. Une paire flambeaux d'argent aché (4), 6 l.

Cellier : 38. Soixante-huit pièces de vin vieux ou nouveau, à 35 l. pièce, 2,080 l.

Grenier : 39. Froment, mesture (5), blé d'Espagne, mesure de Nontron.

---

(1) Allonges, montées sur charnières et qui se replient quand on ne s'en sert pas.

(2) La serge ici est de deux couleurs : *aurore,* et *vert*; dans les inventaires suivants, elle est *brune, grise* et *jaune*.

(3) *Œuvr. compl.*, t. I, p. 576, au mot *Surciel*.

(4) *Haché*, couvert de hachures ou traits gravés, guilloché.

(5) « Le pain de *méture* était fait d'un mélange de bailliarge, d'orge, de seigle et quelquefois de maïs ou de pomme de terre. Souvent même, il ne se composait que d'une ou de deux de ces céréales » (*Rev. Poit.*, 1890, p. 90). Le mot lui-même indique un mélange.

Grange : 40. Un pressoir à deux vis, 60 l.

41. Cinq petites cuves et une grande carrée neuve, 200 l.

42. Quatre-vingt fûts de pièces vidés, 160 l.

Cabinet dit le trésor : 43. Deux vieux coffres et une armoire, 18 l.

Le château de la Renaudie, qui valait aux des Cars le titre de baron, était situé en Périgord. Son inventaire a été copié par M. Champeval, qui l'a abrégé.

IV. — CHATEAU DE LA ROCHE-L'ABEILLE (1759)

Cuisine : 1. Une table et deux bancs, deux grands chenets, pelle, pincette, un tourne-broche, une plaque cassée, deux cuviers.

Office : 2. Vingt-cinq bouteilles de vin blanc du Bas-Limousin, dans une armoire, 20 l.

3. Une grande et une moyenne table à manger, avec leurs pieds en châssis pliant (1), 6 l.

Chambre des domestiques : 4. Trois couchettes, 6 l.

Sale sur la cuisine : 5. Sept mauvaises pièces de tapisserie de drap bleu, avec des feuillages et armoiries brodées en laine, fort mangées de teignes et de rats, le dessus de la cheminée assortissant, 30 l.

6. Un buffet de cerisier à tiroirs, 20 l.

7. Quatre fauteuils et six chaises paille, deux chenets, pelle, pincette.

Chambre au bout : 8. Une table de chêne à tiroir, 4 l.

9. Une comode en cerisier, 30 l.

10. Deux fauteuils et quatorze chaises paille, 12 l.

11. Deux petits chenets, pelle, pincette.

Chambre du colidor à droite : 12. Une table chêne à tiroir, à pied de biche ; quatre fauteuils et quatre chaises paille, pelle, pincette de fer, deux chenets, 24 l.

Garde robe : 13. Un bois de lit sans rideaux ; coucher, une paillasse, deux matelas, un traversin, une couverture de toile piquée, 18 l.

2° *chambre du colidor à gauche* : 14. Un grand lit ancien, dont les rideaux, les pantes, bonnes grâces, impérialle, grand dossier (2) et soubassement, sont en damas cramoisy, franges de soye jaune et rouge, le tout fort uzé et passé ; le coucher : une paillasse, un lit de plume, un traversin, deux matelas, une grosse couverture de toile piquée, 100 l.

15. Deux petites tables de chêne, six fauteuils, deux chaises paille, deux petits chenets, une pelle, pincette en fer, 11 l.

Garde robe de cette chambre : 16. Dans l'alcôve, une couchette et un lit de plume, 12 l.

(1) Ce châssis consiste en bandes de bois, qui se croisent en X et se replient.

(2) Dossier, morceau d'étoffe qui forme le dos du lit et tombe du ciel jusqu'au matelas.

Chambre sur l'escalier, 17. Tendue de trois morceaux de grosse toile peinte en bleu, 6 l.

18. Les deux niches tendues d'une mauvaise bergame, où sont deux lits garnis comme le ci-dessus, avec rideaux de serge jaune, 80 l.

19. Une table de chêne, un fauteuil, six chaises de paille, 9 l.

20. Deux petits chenets, pelle et pincette en fer, 3 l.

Maison dite chez Dubuis attenante. Cuisine : 21. Un seau et un godet (1), 10 s.

22. Un crochet à peser, 2 l.

23. Vingt-sept grosses serviettes, vingt-huit gros draps de domestique et deux napes de cuisine, 90 l.

24. Deux couchettes sans rideaux, un matelas, un lit de plume, deux traversins, quatre couvertures dont une de droget (2), 30 l.

Chambre du receveur de la terre de la Roche-l'Abeille : 25. Deux niches, garnies chacune de leur bois de lit, paillasse, matelas, lit et traversin de plume, couverture de laine, 50 l.

26. Une armoire en châtaignier, 10 l.

27. Huit chaises.

Cave : 28. Six petits baricots vuides, cerclés en bois, de deux charges chacun ; un baricot, 25 l.

Grange : 29. Foin, froment, avoine, seigle, blé noir, chanvre ou filasse, laine.

Le château de la Roche-l'Abeille était situé en Limousin et appartenait au marquis François des Cars, qui en était seigneur. Cet extrait de l'inventaire a été copié, dans les papiers de famille, par M. Champeval.

V. — CHATEAU DE SAINT-BONNET (1759)

Cuisine : 1. Une table, deux bancs, quatre casserolles cuivre, une poêle à frire, un couperet, un mortier de fonte, une broche à rôt, deux chenets, une plaque, une pelle, pincette, un trépier, le tout de fer, 30 l.

2. *Office y joignant :* Une table, deux bancs, deux grands coffres, un met, 4 l.

1er *étage à main gauche :* 3. Une table, dix huit chaises paille, deux fauteuils, deux chenets, une pelle, 12 l.

Chambre joignant : 4. Un lit dont le tour est de serge brune usée ; coucher : une paillasse, un lit de plume, un traversin, un matelas, une couverture laine, 30 l.

5. Un petit lit pareil, 20 l.

6. Sept chaises paille, un fauteuil, une table, une paire petits chenets, 3 l.

(1) Voir ce mot dans le *Glossaire archéologique*.
(2) *Droguet*, voir au *Glossaire* de V. Gay.

Même étage à droite : 7. Un grand lit, à tour de serge brune; coucher comme dessus, 40 l.

8. Un petit lit, tour de serge grise, 30 l.

9. Table de noyer, 3 l.

10. Six chaises et deux fauteuils paille, 4 l.

11. Chenets, 3 l.

Chambre attenant : 12 Un bois de lit sans rideaux et coucher comme dessus, une table, trois chaises, deux chenets, 24 l.

Garde robe de cette chambre : 13. Un lit pareil et une chaise, 10 l.

2ᵉ étage, 1ʳᵉ chambre : 14. Un lit, tour de serge, coucher comme dessus, 13 l.

15. Un petit lit, coucher comme dessus, 7 l.

16. Une table, neuf chaises paille, chenets, 11 l.

Chambre joignant : 17. Deux lits pareils, 14 l.

18. Une armoire à quatre battants, une petite armoire à deux battants, deux petites tables, 6 l.

1ʳᵉ chambre du 2ᵉ : 19. Une table avec son pied à pliant, dix-huit chaises paille, et deux vieux bois de fauteuil, jamais garnis, 10 l.

Chambre joignant : 20. Un lit pareil, une table, 5 l.

Garde-robe : 21. Un lit pareil, 7 l.

3ᵉ étage à gauche : 22. Un grand lit à rideaux de serge, coucher comme dessus, 21 l.

23. Un petit lit à rideaux de serge grise, coucher comme dessus, 6 l.

24. Trois chaises paille, 15 s.

A droite : 25. Deux lits, 50 l.

26. Une table, huit chaises et un fauteuil paille, 4 l.

Chambre joignant : 27. Un lit, 18 l.

28. Quatre chaises paille, une table, deux chenets, 5 l.

4ᵉ étage : 29. Cinq bois de lit de domestique, sans coucher, 6 l.

Cellier : 30. Deux pressoirs avec leurs cuves de décharge, 150 l.

31. Quatorze cuves, 300 l.

32. Trente-deux comportes (1), 15 l.

33. Un coffre, 3 l.

34. Trente-huit tonneaux, dont dix-huit sont foncés et en bon état et dont dix cerclés de fer, 440 l.

Cave : 35. Sept petites barriques vides, de quatre charges chacune, dont deux cerclées en fer et cinq en bois, 26 l.

Cet inventaire peu important a été copié par M. Champeval. Les des Cars étaient comtes de Saint-Bonnet (*Bullet. de la Soc. des lettr., scienc. et arts de la Corrèze*, 1890, p. 398).

La serge a deux couleurs : *brun* et *gris*.

(1) Pour recueillir le raisin et le porter au pressoir.

VI. — CHATEAU DE SAINT YRARD (1759)

Sallon : 1. Treize chaises et deux fauteuils paille et trois tables, 10 l.

2. Deux chenets, deux pincettes, une pelle fer, 3 l.

Office à côté : 3. Deux mauvaises armoires, 2 l.

4. *Cuisine* : Quatre vieilles casseroles, moyennes, cuivre rouge, 6 l.

5. Un grand chaudron cuivre rouge, une tourtoire, une poissonière une bassinoire cuivre rouge, 14 l.

6. Une vieille poêle à frire, un pot, un couperet, un crochet, six fourchettes, une cuillère à pot, deux chenets, le tout de fer et deux landiers et une broche à rôt, 15 l.

7. Un mortier moyen de marbre, une sallière de bois (1), deux seaux reliés de fer, une table de cuisine, un cofre, une armoire, deux chaises paille, 4 l.

8. Deux cents livres d'étain commun, en plats, assiettes, éguières, pintes et cuillères, à 16 sols, 164 l.

Chambre au-dessus du sallon : 9. Tenture de six pièces de satin sur fil usée et trouée, 30 l.

10. Un lit à impérialle, dont les dedans sont de taffetas de Florence blanc piqué ; les pantes, bonnes grâces et soubassement d'un petit damas (2) viollet, la courtepointe de taffetas de Florence piqué ; le coucher dudit lit, une paillasse, un lit de plume, deux matelas, un traversin, 120 l.

11. Une comode en palissandre, dont le plaquage est tout enlevé, quatre tiroirs, 30 l.

12. Un miroir, avec son cadre doré, 30 l.

13. Un grand fauteuil de tapisserie, deux autres fauteuils, un couvert de satin, un sans couverture, cinq chaises de tapisserie, un fauteuil de paille et trois chaises, 40 l.

14. Une table de lit de noyer, avec un tiroir, 50 s.

15. Deux petits chenets, pelle, pincette, fer, 3 l.

Cabinet à la suite : 16. Une grande armoire, 3 l., contenant vingt-un draps fins, vingt gros draps, sept douzaines serviettes fines, une douzaine de grosses, six nappes fines, 25 tabliers ou torchons et huit rideaux fenêtre, le tout mi-usé, 90 l.

Autre cabinet : 17. Un bois de lit, avec son tour d'étoffe verte ; coucher, paillasse, lit de plume, un traversin, un matelat, une grosse couverte, 12 l.

Salle : 18. Neuf pièces de tapisserie haute lisse, fort pourrie et rongée, 120 l.

(1) « Une sallière de bois en fauteuil. Une sallière faite en chaise » (*Inv. du château de Cognac*, an II, n° 1).

(2) Voir sur le petit damas *Œuv. compl.*, t. I, p. 660, au mot *damas*.

19. Dix chaises, couvertes d'une serge verte, deux banquettes et un fauteuil de même étoffe, 44 l.

20. Deux chenets moyens et une pelle, 7 l.

21. Une grande table avec son tapis, 9 l.

Chapelle : 22. Trois napes d'autel, une chasuble fort usée, une aube, un amit, deux purificatoires, deux vieux devant d'autel, un corporal et deux lavabo, 20 l.

Chambre sur la cuisine : 23. Sept chaises de tapisserie, trois fauteuils de tapisserie, 24 l.

24. Deux tables de nohier (noyer), 5 l.

25. Une petite table, avec son tapis vert, 1 l.

Garde-robe de cette chambre : 26. Un bois de lit sans garniture, couché comme dessus, 8 l.

27. Une table et deux vieux cofres, 2 l.

1re chambre au 2e étage : 28. Trois lits, dont deux garnis de serge verte et le troisième brune ; coucher : une paillasse, un lit de plume, un traversin, un matelas, une couverte, 150 l.

29. Neuf chaises paille et une table noyer, 6 l.

30. Un vieux miroir antique, 6 l.

31. Six pièces de tapisserie Bellegarme (bergame), 24 l.

32. Deux petits chenets, une pelle, 3 l.

Garde-robe : 33. Un lit, 8 l.

2e chambre : 34. Six morceaux de tapisserie de Bellegarme, 18 l.

35. Deux lits, garnis de serge bleu (1), coucher garni comme dessus, 100 l.

36. Cinq chaises couvertes de serge jaune, deux fauteuils paille, une table de noyer, 15 l.

37. Un vieux miroir fort antique, 5 l.

38. Deux petits chenets, pelle, pincette, 4 l.

Garde-robe : 39. Un bois de lit et lit, 9 l.

Chambre sur la salle : 40. Deux lits, dont un garni de serge bleu et un de serge brune, coucher comme dessus, 80 l.

41. Une table noyer, deux chenets.

Garde-robe : 42. Une couchette.

Ecurie : 43. Quatre couchettes, un matelas, un traversin, deux couverture, 12 l.

Grenier : 44. Seigle et avoine, blé noir, froment, foin.

Grange couverte en paille : 45. en la première cour du château.

L'inventaire donne le marquis François des Cars comme seigneur de Saint-Ybard, château du Limousin (*Bull. de la Soc. des lettr., scienc. et arts de la Corrèze*, 1800, p. 300). La copie en a été prise par M. Champeval, mais seulement en extrait.

_____

(1) La serge ici est de quatre couleurs : *bleu, brun, jaune, vert*.

VII. — LOGIS D'HURTEBIZE (1759)

1. *Cuisine :* Deux armoires, une table, deux chenets, 10 l.
2. *Chambre ou sallon, dite des quatre croisées* (1) : Deux vieilles tables, une armoire à deux portes (2), 6 l.
3. *Ancienne cuisine :* Deux bois de lit, 3 l.
4. *Chambre du pavillon* (3): Un bois de lit, ses garnitures de laine sur fil brune, coucher (4) très ordinaire, 30 l.
5. Une table et cinq chaises paille, 3 l.
6. *Chambre au dessus de la cuisine :* Un lit comme dessus, 12 l.
7. *Greniers :* Un boisseau et demi froment, quatre et demi de seiglat, trois et demi de baillarge, treize de blé d'Espagne, 70 l.
8. *Cellier :* 7 barriques vin à 10 l. la barique, 70 l.
9. 14 futs de barique, 28 l.
10. Trois cuves moyennes et quatre petites cuves de charrois (5), 100 l.
11. Une met de treuil, un terrain et un antonoir (6), 40 l.
12. *Etables :* Deux paires bœufs, 510 l.
13. Une paire vaux, 130 l.
14. 20 brebis, 56 l.
15. Deux charrettes et outils, 60 l.

Cet inventaire, fait après la mort du propriétaire, François des Cars, a été copié par M. Champeval. Le marquis était *seigneur* d'Hurtebize, qui est situé en Angoumois.

Logis indique une maison noble, qui tient le milieu entre le château et la maison bourgeoise. Les pièces y sont au nombre de cinq, avec grenier.

Les céréales sont de quatre sortes : froment, seigle, baillarge et maïs.

(1) Ces quatre croisées, placées peut-être en regard, dénotent une certaine étendue.
(2) Porte ou battant.
(3) *Le pavillon* donnait au logis un aspect seigneurial.
(4) *Coucher* se dit de l'intérieur du lit, de ce qui le remplit et sert au coucher.
(5) Pour le transport de la vendange.
(6) Entonnoir pour mettre le vin en barrique.

VIII. — CHATEAU DE PRANZAC (1759)

Cet inventaire est d'ordre moyen, c'est-à-dire que, sans être
précisément dépourvu d'intérêt, il ne peut se classer, parmi les
documents de ce genre, qu'à une place tout à fait secondaire, car
il n'apporte à la lexicographie et à l'ameublement aucun élément
nouveau ou important. Malgré cela, il doit être publié intégrale-
ment : d'abord, il fait nombre dans la série et permet de contrôler
utilement les inventaires déjà publiés ; puis, il montre comment
se meublait et ornait un château, qui n'avait pas la prétention de
rivaliser avec ceux de la Rochefoucault et de Jarnac, que nous ont
fait connaître en détail les inventaires si curieux édités par
MM. de Fleury et Biais.

Le château de Pranzac appartenait au marquis François des Cars,
qui s'en déclare simplement *seigneur* : ce n'était donc pas un fief
titré.

L'inventaire de 1759 fait partie des archives de la famille des
Cars : c'est là que l'a découvert M. Champeval, avocat à Figeac,
qui a bien voulu me le communiquer pour que j'en prenne copie,
avec autorisation du propriétaire. Je les remercie tous les deux de
leur courtoisie, qui ne peut que profiter à la science.

Les meubles se répartissent ainsi : *banquettes* (nᵒˢ 5, 64), *ber-*
gère (nᵒ 27), *buffet* (nᵒ 2), *bureaux* (nᵒˢ 4, 64), *chaises* (nᵒˢ 7, 19,
53, 63, 72), *chaises longues* (nᵒˢ 27, 44), *chenets* (nᵒˢ 16, 23, 40,
52, 62, 71), *commode* (nᵒ 12), *couchette* (nᵒ 53), *encoignure* (nᵒ 38),
fauteuils (nᵒˢ 6, 11, 14, 18, 19, 26, 28, 36, 41, 48, 52, 69), *fontaine*
(nᵒ 3), *glaces* (nᵒˢ 15, 37, 47, 70), *lits* (1) (nᵒˢ 10, 34, 49), *miroirs*
(nᵒˢ 51, 59), *poile* (nᵒˢ 8, 29), *secrétaire* (nᵒ 13), *tables* (nᵒˢ 9, 21, 22,
31, 39, 51, 56), *tableaux* (2) (nᵒˢ 17, 33, 60, 70), *tabouret* (nᵒ 27).

Les bois employés à la confection de ces meubles sont : *noyer*
(nᵒˢ 4, 17, 21, 22, 51, 56, 60, 64), *peuplier* (nᵒ 9), *palissandre*
(nᵒˢ 12, 13) et *bois des îles* (nᵒ 30).

Les étoffes sont de plusieurs sortes : *brocatelle* (nᵒˢ 25, 48)
jaune (nᵒ 50), rouge et jaune (nᵒ 54) ; *camelot* (nᵒ 34) citron
(nᵒ 68) ; *coton* (nᵒˢ 34, 49), *chenille* (nᵒ 36), *damas* (nᵒˢ 44, 65),

(1) Les lits affectent quatre formes : *duchesse* (nᵒ 55), *jumeau* (nᵒ 73),
romaine (nᵒ 66), *à tombeau* (nᵒˢ 63, 72).

(2) Parmi les tableaux, il faut distinguer les *dessus de porte*.

drap vert (n° 67), *indienne* (n°ˢ 27, 32), *moire* (n° 42), *moquette* (n°ˢ 18, 57), *serge* aurore (n° 49), blanche (n° 49), bleue (n°ˢ 53, 72), rouge (n° 63), verte (n° 64); *taffetas* vert (n° 55), jaune (n° 43).

Les rideaux sont enregistrés sous les numéros 24, 38, 44, 64.

La broderie comporte trois genres : *gros point* (n° 69), *petit point* (n°ˢ 45, 58) et *point de Hongrie* (n°ˢ 49, 53, 55, 57, 63, 64).

Il n'y a de tapisseries qu'en trois endroits : n° 1, on les dit « de Flandre ancienne » et « à animaux » ; n°ˢ 74 et 85, on les estime « d'Aubusson ».

1. *Grande salle* : 8 pièces de tapisserie de Flandre ancienne, plus que my uzée, représentant des animaux, 400 l.

2. Deux buffets en armoire à deux portes et un tiroir (1), fermant à clef, 40 l.

3. Une fontaine de marbre commun en urne, avec sa coquille (2), sur son pied d'estal, 10 l.

4. Un petit bureau ancien de nohier (noyer), à trois portes et 14 tiroirs, 20 l.

5. Deux banquettes en serge verte, très uzées, 10 l.

6. Huit fauteuils, 7 petits, un grand antique à point d'Ongrie, très usés, 14 l.

7. Huit chaises de paille, plus que my usés, 2 l.

8. Un poesle de fonte avec ses tuyaux, 24 l.

9. Deux tables à manger, de peuplier, ayant un seul pied pour les deux, 3 l.

10. *Chambre au bout de la grand salle* : Un lit à la romaine, avec les rideaux, courte-pointe et les trois soubastements pareils, une paillasse, deux matelas, un lit de plume, un traversin, deux couvertures fines, 150 l.

11. Quatre fauteuils de tapisserie en gros point de laine, my usés ; deux rideaux de fenêtre en toile de coton (3) encasdré d'indienne, 60 l.

12. Une commode de pallissandre, avec son dessus de marbre, 30 l.

13. Un petit secrétaire de pallissandre, cassé, 10 l.

14. Un fauteuil paille, 10 s.

15. Une petite glace sur la cheminée, avec la baguette dorée ; un petit tableau au-dessus, avec la baguette dorée ; deux bras de cristal, dont un cassé ; un tableau avec son cadre doré et deux petits tableaux sans cadre.

----

(1) A ces armoires, qui s'ouvrent à deux battants, le tiroir est placé à la partie inférieure.

(2) La coquille servait de bassin pour recevoir l'eau.

(3) « Deux rideaux de fenestre de toille de cotton » (*Inv. du maréchal d'Humières*, 1694). « Deux rideaux de fenestre de toille de coton ». (*Inv. de Marie Guérin*, 1718).

16. Deux chenets à demie grille (1), avec leur garniture en cuivre; une pelle et pincette garnie de même, 8 l.

17. *Salle des tableaux* : Boisée en bois de noyer, avec des tableaux faisant cinq panneaux, représentant l'un le siège de Pavie, un autre celui du château St-Ange (2), dans un autre l'entrée de Charles-Quint à Rome, dans un autre, l'entrée de Charles-Quint et François Ier et dans le dernier un grand personnage à cheval (3) ; y ayant aussi sur la cheminée un tableau encadré de noyer, ainsi que sur la porte de l'escalier.

18. Huit fauteuils de mocquette (4) rouge et jaune, avec un canapé de même, 80 l.

19. Quatre chaises à la reine, pareilles, 40 l.

20. Quatre fauteuils de paille, my usés, avec un grand fauteuil antique de tapisserie my usé, 1 l. 10 s.

21. Une table à quadrille (5), couverte d'un tapis vert et une table plus petite, couverte d'un tapis vert, toutes deux en noyer, 6 l.

22. Un pied de table en couronne, en noyer, avec un dessus de marbre commun, 6 l.

23. Deux chenets demie grille, avec pelle et pincette, 6 l.

24. Des rideaux de cotton encadrés d'indienne aux deux fenêtres, 5 l.

25. *Cabinet au bout de la salle* : Deux pièces de tapisserie brocatel rouge et jaune, plus que my usés, 10 l.

26. Quatre fauteuils de paille, avec leurs coussins d'indienne (6), 10 l.

27. Une chaise longue, en bergère (7), avec son tabouret de paille, garnie de coussins d'indienne, 6 l.

28. Deux fauteuils en paille, plus que demy usés, sans coussin, 1 l.

29. Un poesle de fayance, 3 l.

30. Un secrétaire en menuserie de bois des isles, 8 l.

31. Une petite table de noyer pour écrire, 2 l.

32. Un rideau de cotton de deux pièces, encasdré d'indienne (8), qui est à la fenestre, 4 l.

(1) « *Grille de feu* se dit des chenets attachés par une barre de fer qu'on met dans les âtres, entre deux chenets, pour soutenir les tisons et faire mieux brûler le bois » (*Trévoux*).

(2) A Rome.

(3) Ce personnage devait être le seigneur de Pranzac, qui avait pris part à l'expédition d'Italie.

(4) «*Moquette*, étoffe de laine, qui se travaille à la manière du velours » (*Trévoux*).

(5) Pour le jeu de quadrille.

(6) Des fauteuils, ainsi rembourrés et du siècle dernier, se voient aux Châtelliers (Deux-Sèvres); un des coussins formait le siège et l'autre le dos, ils s'attachaient avec des cordons.

(7) « Bergère, espèce de long fauteuil » (*Trévoux*), à coussins mobiles.

(8) « Quatre rideaux de toile, encadrés de toile mouchetée, avec leurs tringles de fer » (*Inv. de Petau*, 1771).

33. Deux tableaux sur la cheminée, encadrés avec leurs petites baguettes dorées, un petit au-dessus de la porte avec sa petite baguette dorée ; un petit tableau en médaillon, encadré dans la menuserie faisant face à la cheminée ; le tout ayant été impliqué pour mémoire seulement.

34. *Chambre appelée de Madame* : Un lit dans une niche (1), composé de deux matelas, un lit de plume, une couverte de laine, une de cotton, les trois côtés de la niche tapissés en moire jaune, brodée en chenille (2) my usée, l'impériale (3) la même chose, une pente, un soubassement, deux bonnes grâces semblables, les rideaux en camelot jaune de laine et la courte-pointe semblable, 300 l.

35. Cinq petits morceaux de tapisserie moirées, brodées en chenille jaune my usée, 100 l.

36. Six fauteuils pareils à la tapisserie, 60 l.

37. A la cheminée, il y a une glace de deux pieds en largeur, un tableau camayeux (4) bleu au-dessus, avec deux bras de cristal, ainsi que trois dessus de portes, aussi camayeux bleu.

38. Plus, une encoignure de bois pallissandre, avec son dessus de marbre commun, 10 l.

39. Une table de toilette et un petit écran en gros point, son bois de fayau, 6 l.

40. Deux chenets à demie grille ; une pelle, pincette, avec leurs garnitures, 8 l.

41. Deux rideaux de tafetas à la fenêtre, 6 l.

42. *Chambre servant d'antichambre à la précédente* : Trois pièces de tapisserie moire (5) jaune, brodée en chenille, my usée, 60 l.

43. Les rideaux de la fenêtre en tafetas jaune, 6 l.

44. Une chaise longue en damas jaune, avec son matel (6) et un petit coussin semblable, 30 l.

45. Six fauteuils à petit point en soye, 60 l.

(1) « *Niche*, se dit d'un petit réduit pratiqué dans un appartement pour y mettre un lit. Lit en niche » (*Trévoux*).

(2) « *Chenille*, sorte d'ornement en tissu de soie ou de laine, rond et velouté, présentant l'aspect d'une chenille » (*Larousse*). — « *Chenille*. Terme de passementier. Ouvrage de soie en forme de cordon tors, présentant des poils assez semblables à ceux de la chenille. On a fait grand usage de cette passementerie au siècle dernier pour broder des meubles. » (Havard, *Dict. de l'ameublement*, I, 790).

(3) « *L'impériale* d'un lit, le dessus d'un lit, surtout en parlant d'un lit à colonnes » (*Littré*).

(4) « La ressemblance qu'elles présentaient avec les onyx gravés en relief fit donner, de bonne heure, aux peintures en ton sur ton le nom de *camaïeux*. » (Havard, I, 533).

(5) « *Moire*, étoffe de soie, tant en chaîne qu'en trame, qui a le grain fort serré et est de même fabrique que le gros de Tours » (*Trévoux*).

(6) Matelas sur lequel on s'étendait et qui rendait la chaise moelleuse.

46. Deux fauteuils en laine à petit point, 12 l.

47. A la cheminée, une glace de trois pièces en trumeau, avec un vieux cadre doré, deux de dessus de porte en camayeux cramoizi font blanc et un tableau de famille en casdre doré.

48. 2° étage, *chambre au-dessus de la précédente* : Trois pièces de tapisserie brocatel rouge et jaune, plus que my usés, 30 l.

49. Un lit, dont le dedans est de serge blanche, les pentes et soubastements en bandes point d'Ongrie et serge aurore, avec les rideaux en laine aurore (1), une paillasse, deux matelas, un lit de plume, un traversin, une couverte de laine fine, une de coton, une courte-pointe piquée en fil, 50 l.

50. Six fauteuils antiques, avec leurs housses brocatel jaune, très usés, 8 l.

51. Un miroir fort antique et une table noyer, 6 l.

52. Deux fauteuils paille et deux chenets, 4 l.

53. *Garde robe de cette chambre* : Une couchette de sangle (2), cassée; un matelas, un traversin, un mauvais pavillon de serge blûe, une chaise en point d'Ongrie, 5 l.

54. *Chambre au-dessus de la salle des tableaux* : Cinq pièces de tapisserie brocatel rouge et jaune, plus que my usés, 20 l.

55. Un lit à la duchesse, en tafetas vert picqué, avec ses pantes, bonnes graces et soubastements, à point d'Ongrie, sa courte-pointe de tafetas piqué, une paillasse, deux matelas, un lit de plume, un traversin, une couverte laine fine et une coton, 110 l.

56. Une table noyer, 3 l.

57. Cinq fauteuils antiques à point d'Ongrie, encasdrés de mocquette, plus que my usés, 5 l.

58. Deux petites chaises à petit point, 2 l.

59. Deux fauteuils paille et un vieux miroir antique, 8 l.

60. Au-dessus de la cheminée, un petit tableau encasdré de noyer.

61. Deux vieux rideaux de fenôtre, 2 l.

62. Deux chenets, 2 l. 10 s.

63. *Garde robe* : Un lit à tombeau de serge rouge, une paillasse, un lit de plume, un traversin, un matelas, une couverte laine, une table noyer et une vieille chaise en point d'Ongrie, 20 l.

64. *Antichambre de la chambre du balcon* : Un bureau à deux battants en noyer, une banquette en serge verte et bandes de tapisserie, une chaise paille et une à point d'Ongrie fort usée, 10 l.

65. *Chambre du balcon* : Cinq petites pièces de tapisserie de damas sur fil citron et blanc, 30 l.

(1) « Plus, une chasuble, avecq son estolle et manipulle, à fleurs de diverses coulleurs, le fonds hororé ; avecq un devant d'hautel de mesme estoffe » (*Inv. du chât. de Jarnac*, 1668, n° 237). — « *Aurore*, nom de la couleur orangé clair. La couleur aurore a été fort à la mode dans le mobilier, au XVII° siècle. » (Havard, I, 200).

(2) Dont le dessous est garni de sangles clouées.

66. Un lit à la romaine, avec l'impérialle et rideaux, courte-pointe et soubastement semblable à la tapisserie, quatre matelas, une couverture de soye et une de laine fine, 140 l.

67. Une petite table en noyer, couverte d'un drap vert, 3 l.

68. Les rideaux de la fenêtre en camelot de laine citron, 6 l.

69. Un fauteuil de tapisserie à gros point et trois fauteuils de paille, 5 l.

70. A la cheminée, une petite glace en deux pièces, avec un tableau au-dessus (1), encadré de bois blanc.

71. Deux chenets anciens, avec leur garniture en cuivre, pelle, pincette, 4 l.

72. *Garde robe de la chambre du balcon* : Un lit à tombeau en serge bleu, une paillasse, un lit de plume, un matelas, un traversin, une couverte commune, une chaise paille, une table noyer, 18 l.

73. *Chambre au-dessus de la grand salle* : Deux lits jumeaux (2), dont le ciel et dossier sont garnis de cotton (3) rayé bleu et blanc, ainsi que les soupantes et soubastements et couvertes bardantes (4) ; le coucher est composé d'une paillasse, deux matelas, un traversin, 200 l.

74. Neuf anciens pands de tapisserie, dont deux fort petits isseix (jugés ?) Aubusson, représentant l'histoire de Jacob, 80 l.

75. Un bureau à deux portes, fermant à clef, 6 l.

76. Une table noyer avec son tiroir, 2 l.

77. A la cheminée, un tableau de famille en cadre doré.

78. Un garde feu et deux vieux petits chenets, 5 l.

79. Dix fauteuils et une chaise paille, 3 l.

80. Une banquette (5), couverte d'un tapis vert, 4 l.

81. Un ancien fauteuil à point d'Ongrie, 1 l.

82. Un vieux jeu de trictract, 2 l.

83. *Chambre du pavillon de l'escalier* : Un bois de lit, les rideaux bruns très mauvais, une paillasse, un lit, un traversin, un matelas, une couverte, 24 l.

84. Une table, deux chaises paille, un fauteuil antique garni de point d'Ongrie, usé, 4 l.

85. *Chambre du pavillon prest des latrines* : Quatre vieux pends de tapisserie d'Aubusson très usés, 16 l.

86. Deux lits jaunes à la romaine, avec les impérialles de mocquette rouge et jaune, ainsi que les rideaux ; coucher, deux paillasses, deux lits de plume, deux traversins, deux matelas, une couverte laine fine, deux couvertes de fil picquée, une couverte de coton, 80 l.

(1) M. Person de Champoly, à Poitiers, possède une glace de cette sorte, du siècle dernier : le tableau, peint sur toile, s'ajuste à la partie supérieure et représente une bergerie.

(2) C'est-à-dire côte à côte, un pour le mari et l'autre pour la femme.

(3) « Lit de coton-pour vous gésir », dit Eustache Deschamps.

(4) C'est-à-dire enveloppant le lit de tous côtés.

(5) « *Banquette*. Au XVIIe siècle, elle devient un banc léger, facilement transportable » (Havard, I, 248).

87. Quatre vieux fauteuils usés, dont la couverture est de cadis (1) vert pour deux et deux ont les couvertures déchirées, 4 l.

88. Un fauteuil paille et une table noyer, 3 l.

89. Un ancien miroir, 4 l.

90. Deux vieux petits chenets, 2 l.

91. Un tableau de famille en cadre doré.

92. *Chambre de domestique au-dessus* : Quatre couchettes de domestique, dont trois garnies d'une paillasse, un matelas, un traversin et dont deux garnies de deux matelas, deux traversins et quatre couvertures, 25 l.

93. *Chambre du cuisinier* : Un lit à mauvais rideaux, une paillasse, un matelas, un lit de plume, un traversin, une couverture, une courte-pointe, 20 l.

94. *Chambre au-dessus de la précédente* : Un lit à rideaux d'étoffe grise, une paillasse, un matelas, un lit de plume, un traversin, une couverte d'indienne, 2 fauteuils et une chaise paille, une table, 30 l.

95. *Chambre sur la cuisine* : Deux lits à rideaux d'étoffe brune de laine, composés comme dessus, 90 l.

96. Quatre grandes armoires et une de peuplier, 30 l., ayant 18 douzaines de serviettes usées, demi douzaine de chanvre et l'autre demie est de reparonne (2), huit mauvaises nappes fines, dont cinq grosses, 50 draps de lit usés, 20 d'étoupes et 30 de brin, 200 l.

97. Quatorze flambeaux de composition (3), 14 l.

98. Deux pots à l'eau et deux plats d'étain commun, pesant 15 livres, à 15 sols, 10 l.

99. Une table, un grand fauteuil, 5 petits fauteuils, 2 chaises paille, 5 l.

100. Deux chenets, une pelle, pincette, 1 l.

101. *Chambre à côté* : Un lit, une paillasse, un matelas, une couverte, 15 l.

102. *Chambre occupée par le marquis de St Ybard* : Un lit, composé d'une couchette (4), une paillasse, deux matelas, un lit, un traversin, une couverture de soye, une de laine, un couvre pié, le tout my usé ; la courte pointe, le sousbastement de la niche étant d'indienne usée, pareille aux deux morceaux de tapisserie de la chambre, 100 l.

103. Sur la cheminée, une glace de deux pièces, un tableau en camayou bleu, ainsi que le dessus de la porte.

(1) « *Cadis*, gros drap bourru, en laine non peignée, du genre des bureaux, mais dont il différait surtout par la variété des couleurs » (*Glossaire archéologique*).

(2) « *Reparon*, seconde qualité du lin qui a passé au séran » (Havard, IV, 706). « Une douzaine de serviettes de thoille de reparon » (*Inv. de Bassire*, 1642). « Quatre douzaines de serviettes de reparon » (*Inv. de Boisset*, à Angoulême, 1660).

(3) « *Composition*. On donne ce nom à un composé de cuivre, de plomb, de zinc et d'étain, dont on fait des pendules, des candélabres, etc. » (Havard, I, 905).

(4) « On appeloit les lits *couchette* quand ils n'avoient que six pieds de long et six de large » (Sainte-Foix, *Essais historiq. sur Paris*, III, 73).

104. Deux fauteuils de tapisserie en gros point, deux chaises pareilles, une petite table, une chaise paille, rideaux de la fenêtre encadrés d'indienne, 12 l.

105. *Garde robe* : Un lit de sangle, un matelas, un traversin, une couverture, une chaise paille, 8 l.

106. *Garde meuble* : dix pièces de tapisserie très ancienne, 60 l.

107. Une tente pour camper, doublée d'indienne, avec tous ses bâtons et piquets, 140 l.

108. Un petit matelas, un traversin et une couverture laine, 12 l.

109. Un grand tapis de Turquie, my usé, 10 l.

110. Cinq pièces de tapisserie d'étoffe jaune, 9 l.

111. Une petite table et un vieux fauteuil, 2 l.

112. *Cuisine* : Deux casseroles, un gril de fert, deux pots de fert, une bassinoire de cuivre, un chaudron, deux poeslones, une cuillère à pot de fert, deux poesles, une grande et une petite ; deux chenets, une barre de fert, pelle, pincette, une armoire, une table, deux bancs pour faire manger les domestiques, un vesselier (1) pour la batterie de cuisine, un tournebroche, le tout usé, 60 l.

113. *Dépense joignant la cuisine* : Un garde manger, un crochet (2), une table, un cofre, 4 l.

114. *Office* : Une table, huit chaises, un fauteuil paille, 5 l.

115. *Appartement où loge le receveur, sa chambre* : Un lit à tombeau, garni d'étoffe brune (3) sur fil, my neuve, une paillasse, un matelas, un lit de plume, un traversin, une couverte laine, une courte pointe, 25 l.

116. *Cabinet* : Une table, six chaises paille, 6 l.

117. *Chambre à côté* : Un lit comme dessus, 20 l.

118. Quatre chaises paille, 1 l.

119. *Chambre de la servante* : Un lit garni, 10 l.

120. *Grenier de la recette* : Froment, blé d'Espagne, seigle, avoine.

121. *Grange* : Foin.

122. *Etable* : Deux bœufs, 200 l.

123. *Cellier* : 15 bariques vin rouge, avec les futs, 250 l.

124. 100 bariques vides, 200 l.

125. 3 cuves, 100 l.

126. Un pressoir, 20 l.

127. *Chambre du trésor* : Titres.

(1) « *Vesselier*, meuble de cuisine. Sorte d'étagère ou de dressoir sur lequel on place la vaisselle de service » (Havard, IV, 1489). « Le haut d'un vesselier bois de sapin » (*Inv. de Nic. de Ségur*, à Bordeaux, 1755). « Un buffet avec son vesselier au-dessus » (*Inv. d'Angely*, 1777).

(2) Balance dite *romaine* pour peser (ce mot n'est pas dans le *Glossaire archéologique*), ou mieux, comme dans l'inventaire de Poinsot, à Lyon, en 1780, « un crochet à pendre viande ».

(3) Juge, p. 40, dit des lits en Limousin : « Des lits dont le dossier, le ciel, les amples rideaux et la courte pointe étaient de même étoffe rembrunie ».

IX. — HOTEL D'ESCARS, A PARIS (1771).

Il fut « procédé à l'inventaire et description de tous les meubles meublans, vaisselle d'argent, bijoux, deniers comptants, titres, papiers et renseignements dépendant de la succession dudit seigneur vicomte d'Escars, étant et qui se sont trouvés dans les lieux cy après désignés, dépendance d'une maison sise à Paris, rue du Cherche Midy, en laquelle il est décédé. » L'acte fut passé par notaire, « à la requête » des frères et neveux : « très haut et très puissant seigneur Louis-Michel-René de Pérusse d'Escars, marquis de Saint-Ibart, chevalier de l'ordre royal et militaire de Saint Louis, demeurant ordinairement au château d'Escars en Limosin, de présent à Paris, logé rue de Vaugirard, paroisse Saint Sulpice »; de « très haut et très puissant seigneur Louis-Nicolas d'Escars, marquis de Pérusse, chevalier, seigneur d'Ecoué, Boesse, Marais, Aix et Tangon, La Plissonnière, Monthoiron, Targé et duché de Châtellereau, maréchal des camps et armées du roi, demeurant ordinairement en son château de Targé, de présent à Paris, logé rue du Parcq royal, paroisse Saint-Paul »; de « très haut et très puissant seigneur Louis-François-Marie de Pérusse, comte d'Escars et de Saint-Bonnet, baron d'Aix et de la Renaudie, seigneur de Saint-Ibart et autres lieux, brigadier des armées du roy, son premier maître d'hôtel et lieutenant général au gouvernement du haut et bas Limosin, demeurant à Paris, rue de Vaugirard, paroisse Saint-Sulpice » ; de « très haut et très puissant seigneur Jacques-François de Pérusse, baron d'Escars, lieutenant des vaisseaux du roy, demeurant à Paris, rue de Vaugirard », ces deux derniers représentants leur père, « très haut et très puissant seigneur François-Marie de Pérusse, comte d'Escars et de Prinsac, comte de Saint-Bonnet, baron d'Aix et de la Renaudie, maréchal des camps et armées du Roy ».

L'acte forme un registre petit in-folio de six cahiers, soit 142 pages. Le papier est marqué au timbre de la Généralité de Paris et porte en filigrane : une *coquille* avec le nom du lieu de fabrication PARIS et le nom du vendeur.

LABBE A PARIS

(fleur de lys) MARCHAND DE FIN

Inventaire de Monsieur le vicomte d'Escars, fait par M° Bronod, notaire à Paris, le 29 juillet 1771.

Premièrement, dans l'antichambre, au second étage, ayant vue sur la cour :

1. Quatre fauteuils de bois d'hêtre, foncés de canne, peints en jaune ; une bergère de bois peint en gris, foncée de cuir, avec son coussin de damas rempli de plumes, prisés ensemble, 40 l.

2. Item, deux petits corps de bibliothèque, de bois de merisier (1), à deux battants, fermants à clef, avec leurs dessus de marbre brèche d'Alept (2), et une petite table à écrire de bois de palissandre, couvert de maroquin noir, 48 l.

3. Item, une armoire de bois de placage, à deux battants, fermante à clef en bascule ; une petite commode à la Régence, à un seul tiroir, garni de mains (3) et entrée et ornemens de cuivre doré, avec un dessus de marbre brèche d'Aleps, 72 l.

4. Item, neuf aulnes ou environ de cours (4) de tapisserie tontisse, fond cramoisi, à ramages jaunes, 30 l.

5. Item, un baromettre et un thermomettre à cadran, garni d'ornemens de bois doré, 16 l.

6. Item, deux rideaux en quatre parties, de toile fil et cotton à carreaux, cramoisi et jaune, avec leurs tringles et anneaux, 24 l.

7. Item, trois tableaux peints sur toile, un représentant un paysage, un autre cintré par le haut représentant sujet de la fable et le troisième le roi Henri quatre, tous troués dans leurs bordures dorées, 80 l.

8. Item, huit estampes sous verre, dont six marines de Vernet et les deux autres différentes marines, tous dans leurs filets dorés, 120 l.

9. Item, trente-cinq autres estampes, sous verre, de différentes grandeurs, représentant des portraits, batailles et autres sujets, dans leurs filets dorés ; un petit tableau en pastelle, représentant le maréchal de Saxe, 120 l.

Dans le salon ensuite, ayant vue sur la terre :

10. Item, une cheminée à la prussienne, (5) 6 l.

---

(1) « *Mérizier*, c'est le cerisier sauvage » (*Trévoux.*)

(2) « *Brèche*, sorte de marbre fort dur, qu'on tire particulièrement des Pyrénées » (*Trévoux*). — *Brèche d'Alep*. Ce marbre, à fragments, rouges, gris ou jaunâtres, liés par un ciment grisâtre tacheté de noir, se tire surtout des carrières d'Alep en Syrie » (*Larousse*). — Voir *Alep*, dans le *Dictionnaire* de Havard. — Il y en a un notable spécimen au musée de Chièvres à Poitiers, où il forme le dessus d'une commode Louis XVI.

(3) Littré définit : « *main*, sorte d'anse ». Ici il s'agit de poignées.

(4) « *Cours* se dit aussi quelquefois de l'étendue des choses, en longueur seulement, sans avoir égard à la hauteur. Cette tapisserie a 25 aunes de cours » (*Trévoux.*)

(5) « *Cheminée à la prussienne*, sorte de cheminée en tôle, qui s'adapte à une cheminée ordinaire et se termine par une espèce de tuyau de poêle caché dans le conduit de la cheminée » (*Littré.*)

11. Item, un dessus de cheminée, d'une seule glace, de soixante-cinq pouces de haut sur quarante-huit de large sur son parquet (1) et dans sa bordure de bois sculpté doré, 400 l.

12. Item, deux bras de cheminée à deux branches chacun, de cuivre, doré d'or moulu, 120 l.

13. Item, un miroir d'entre-croisée, de deux glaces (2), la première de quarante-neuf pouces, et la seconde de trente, toutes deux sur dix-sept de large dans son parquet de bois peint en blanc, avec ornemens de bois doré, 96 l.

14. Item, deux fauteuils et une chaise de bois de hêtre, foncés de canne, avec le dossier et coussins de maroquin rouge; deux fauteuils en cabriolet (3) et deux chaises de bois de hêtre, foncées de cuir, couvertes de velours d'Utreck à colonnes cramoisies et blanches et vertes; deux bergères de bois de hêtre à dossiers foncés de crin, avec leurs coussins de plume, le tout couvert de dauphine (4) fond vert, à fleurs aurore, 112 l.

15. Item, deux tableaux peints sur toile, représentant sujets d'histoire dans leurs bordures de bois doré, 120 l.

16. Item, un portrait peint sur toile, représentant un homme; un autre peint en pastelle, représentant une femme et deux raisins, et deux tableaux dessus de porte peints en camayeux (5), représentant deux faisants, 72 l.

(1) « *Parquet* se dit aussi de l'assemblage de bois qu'on applique sur le manteau d'une cheminée ou sur le trumeau d'un mur, pour y mettre ensuite des glaces » (*Trévoux.*)

(2) Les anciennes glaces, vu la difficulté de la fabrication, étaient souvent alors en plusieurs pièces.

(3) « *Cabriolet*, espèce de petit fauteuil » (*Littré*).

(4) « *Dauphine*, étoffe. Les laines dont cette étoffe est composée sont teintes et mélangées avant que d'être cardées, mais on carde ce mélange de couleurs teintes. On file le même mélange et ensuite on le travaille sur le métier et c'est ce qui fait la jaspure des étoffes appelées *dauphines*. C'est une espèce de petit droguet, très léger, tout de laine, qui se trouve par la préparation précédente imperceptiblement jaspé de diverses couleurs. Le nom de *dauphine* vient d'un ouvrier dauphinois qui a inventé cette étoffe à Reims » (*Trévoux*).

(5) Michel-Hubert Des Cours peignit à Bernay (Eure), en 1755, dans une maison de la rue d'Alençon, « huit panneaux en camaïeu bleu, représentant des scènes champêtres ». Dans une autre maison de la même ville, il exécuta, « vers la fin de sa vie », « huit médaillons, également en camaïeu bleu, qui ornent les dessus de porte d'un petit salon élégamment lambrissé ». Sont attribués au même artiste, au Long-Pré, « quatre petits dessus de porte, peints en camaïeu bleu, représentant des scènes champêtres ». Toujours à Bernay, il y a encore du même peintre « un dessus de cheminée en camaïeu bleu, représentant un berger apprenant à une bergère à jouer du chalumeau » (Porée, *Michel-Hubert des Cours*, Paris, 1880, in-8°, p. 12, 13, 33).

17. Item, deux armoires en bibliothèques, de bois de placage, à deux battants chacune et deux armoires par le côté, garnies d'entrées de serrures et ornemens de cuivre doré, 500 l.

18. Item, une petite chiffonnière (1) de bois de placage, montée sur ses roulettes et garnie de ses tiroirs et ornemens de cuivre doré ; une petite commode à la régence, à un seul tiroir, garnie de mains et entrées de serrures de cuivre en couleur (2), avec un dessus de marbre brèche d'Alep ; une petite armoire de vieux laque, à deux battants, fermant à clef et garnie d'ornemens de couleur et un dessus de marbre de brèche d'Alep, 300 l.

19. Item, deux rideaux de fenêtre, en quatre parties, de vieux taffetas rayé cramoisi, vert et blanc, avec leurs tringles et anneaux ; prisé avec un petit écran de bois de hêtre et sa feuille de papier de la Chine, 48 l.

20. Item, onze estampes sous verre, dont huit vues de marine, d'après Vernet, et les trois autres tempêtes, marines, baigneuses de Balechou (3), toutes dans leurs filets (4) dorés, 190 l.

21. Item, deux bronzes, l'un représentant Psiché et l'autre Vénus et l'Amour et une hurne d'ancien bleu, le tout monté en cuivre doré d'or moulu, prisés ensemble avec un petit Hercule, aussi en bronze, monté de même, 400 l.

22. Item, une pendule en cartel (5), faite par Charles Le Roy à Paris, à cadran d'émail marquant les heures et les minutes, avec ornemens et supports de cuivre doré d'or moulu et deux chandelliers à trois branches chacun sur leurs pieds et un pot de fleurs, aussi de cuivre doré, 1,000 l.

23. Item, quatre pots à œil (6) de différentes grandeurs et leurs couvercles de porcelaine d'ancienne Chine, fonds blanc à fleurs vertes et

(1) « *Chiffonnier*, petit meuble à tiroir, où les femmes serrent leurs chiffons et leurs travaux d'aiguille » (*Littré*).

(2) « Il y a à la Chine un très beau cuivre vert, velouté et soieux. On diroit qu'il chatoie » (*Trévoux*).

(3) Baléchou (Jean-Joseph), célèbre graveur français, né à Arles en 1715 et mort à Avignon en 1764 (*Larousse*). Le portrait de Balechou figure parmi *Les graveurs du xviii° siècle, estampes, portraits, vignettes*, par le baron R. Portalis et H. Beraldi, t. I.

(4) « *Filet*, en termes d'architecture, est un petit membre ou ornement carré dont on se sert en diverses occasions et qui accompagne ou couronne une moulure plus grande » (*Trévoux*). Aux xvi° et xvii° siècles, on fit souvent de ces cadres plats.

(5) « *Cartel*, la pendule même » (*Littré*). — « Encadrement de certaines pendules qui s'appliquent ordinairement contre une muraille » (*Larousse*).

(6) Si on lit *œil*, ce peut être un *pot pourri*. — « Le pot pourri était un vase d'or, d'argent ou d'une autre matière, souvent en porcelaine, plus généralement en forme d'urne ou d'encensoir, surmonté d'un couvercle percé de trous ou d'*yeux*, comme on disait alors. Ce meuble servait à répandre de l'odeur dans les appartements » (Bapst, *Inv. de M. Jos. de Saxe*, p. 179, note 1).

rouges ; quatre vases, deux soucoupes et leurs couvercles d'ancienne porcelaine du Japon, dépareillées, dont une montée en argent, 36 l.

24. Item, sept aulnes ou environ de cours de vieille tapisserie brocatelle, par bandes cramoisies et vertes, 30 l.

25. A l'égard de deux tableaux en pastelle sous verre dans leurs cadres de bois sculpté et doré (1), représentant Monsieur et Madame de Belle-Isle, il n'en a été fait aucune prisée comme portraits de famille.

26. Item, deux tringles de fer poli pour portières, 2 l.

Dans la chambre à coucher ayant vue sur la rue :

27. Item, une cheminée à la prussienne, 6 l.

28. Item, deux chenets, pelle et pincette de fer, avec ornemens de cuivre doré, 20 l.

29. Item, deux bras de cheminée à deux branches chacun, de cuivre doré d'or moulu, 150 l.

30. Item, un dessus de cheminée de deux glaces, la première de cinquante-huit pouces et la seconde de vingt-cinq, le tout sur trente-huit de large, dans leurs filets de bois doré et parquet de bois peint en blanc, 350 l.

31. Item, un miroir de deux glaces, la première de quarante-deux pouces et la seconde de vingt-deux, toutes deux sur quarante et un pouces de large, dans son cadre de bois sculpté doré, 240 l.

32. Item, un trumeau d'entre croisée de deux glaces, la première de quarante-neuf pouces et la seconde de trente, toutes deux sur dix-sept, dans son parquet de bois peint de blanc, avec ornemens dorés, 90 l.

33. Item, un secrétaire de bois de palissande, garni de mains et entrées de serrures et de ses tiroirs en dedans, avec un dessus de marbre de brèche d'Alep cassé, 45 l.

34. Item, une commode de bois de placage, à deux grands et trois petits tiroirs, fermant à une seule serrure, garnie de mains et autres ornemens de cuivre, doré d'or moulu, avec un dessus de marbre brèche d'Alep, 240 l.

35. Item, une petite commode à la régence, à deux petits tiroirs, garnies de mains et entrées de serrure de cuivre en couleur, avec un dessus de marbre brèche d'Aleps et une petite chiffonnière, aussi de bois de placage, à trois tiroirs, aussi garnis en cuivre doré, avec son dessus de marbre brèche d'Aleps ; une petite table à coins, de bois de palissande, avec ses ornemens de cuivre doré, 200 l.

36. Item, deux fauteuils en cabriolets et deux bergères de bois de hêtre, foncées de crin et couvertes de vieux velours d'Utreck (2) bleu et blanc rayé, 60 l.

37. Item, deux rideaux de fenêtre en quatre parties de camelot, rayé bleu et blanc, avec leurs tringles et anneaux et deux portières par bandes de tapisserie de damas bleu et blanc, 40 l.

(1) « A Drouard, sculpteur (en 1788, à Niort), 159 l. 6 s., pour 88 pieds de baguettes dorées, à 36 s. le pied » (*Bullet. de la Soc. de stat. des Deux-Sèvres*, 1890, p. 470).

(2) Voir le mot dans Havard, IV, 1526. — « Deux bergères de velours bleu ciselé d'Utrecht » (*Inv. de la Bastille*, 1758).

38. Item, une petite chiffonnière de bois de noyer, à un tiroir et dessus de marbre commun et un petit miroir rond, concave, dans sa bordure de bois noircy, 3 l.

39. Item, un tableau peint en pastelle, représentant une Vierge, dans sa bordure de bois sculpté et doré et un dessus de porte point sur toille, représentant des bergers, dans son filet doré et un petit plan de Paris enluminé sous verre avec son filet doré, 60 l.

40. A l'égard d'un tableau point sur toille, dans sa bordure de bois sculpté et doré, représentant Madame de Belle-Isle en costume de Vestale ; il n'en a été fait aucune prisée comme portrait de famille.

41. Item, une couchette à bas pilliers de trois pieds et demi de large, garnie de son enfonçure sanglée (1), un sommier de crin de toille à carreaux, deux matelats de laine couverts de futaine, un lit et un traversin de coutil rempli de plumes, une couverture de laine blanche et une autre de cotton et un petit couvre-pied d'indienne piqué, couvert de taffetas vert ; la housse en niche, composée de son ciel à chassis, plate, doubles pentes et rideaux et courte-pointe, le tout de moire bleue et blanche et six aulnes ou environ de cours de tapisserie de pareille moire, 240 l.

42. Item, une petite pendule de cheminée à réveil et cadran d'émail, marquant les heures et les minuttes, dans son petit cartel de cuivre doré, porté sur un taureau de bronze ; une autre pendule de cheminée, sans nom d'auteur, à cadran d'émail, marquant les heures et les minuttes, sur son pied, avec un génie et les attributs de l'astronomie, le tout de cuivre, doré d'or moulu, 400 l.

43. Item, un chandellier à trois branches, avec un petit pot poury (2) ; deux autres chandelliers avec leurs bobèches et deux petits chandelliers en colonnes coupées, le tout de cuivre, doré d'or moulu, 200 l.

Dans une garde robbe ensuite, ayant vue sur l'escalier :

44. Item, une portière de moire bleue et blanche, doublée de siamoise (3) flambée de la même couleur ; trois autres portières de camelot moiré à rayes cramoisies et vertes, doublée de toille à carreaux, 20 l.

45. Item, une armoire de bois de noyer, à deux battants, fermante à clef et sans corniche, 20 l.

46. Item, une petite armoire à hauteur d'appuy, de bois de palissande, avec son dessus de marbre commun ; une autre petite armoire de bois de palissande à fleurs, garnies d'entrées de serrure et ornemens de cuivre

---

(1) « Un lit de sangles ou *baudet*, celui qu'on dresse sur un chassis pliant et portatif, qui se soutient par des sangles attachées d'un côté à l'autre » (*Trévoux*).

(2) « Un pot pourri, de vieux lacq monté en or » (*Inventaire de M. J. de Sume*, 1767).

(3) « *Siamoise*, tissu de fil et de coton, rayé de couleurs différentes, d'assez bon teint pour pouvoir être savonné et dont on fit des tentures bon marché, des garnitures de sièges et de lits pour l'été et surtout des housses. La siamoise se fabriquait, dans le principe, à Rouen..... dès l'année 1750 ; on en faisait aussi à Paris [et à Limoges] » (Havard, IV, 998).

doré, avec un dessus de marbre brèche d'Aleps et un serre papier (1) de bois rouge, 72 l.

47. Item, une table de nuit ; une encoignure (2) avec son dessus de marbre commun et une chaise de commodité de bois de hêtre, 12 l.

48. Item, une lampe à deux mèches à pompe et sur son pied, le tout de cuivre argenté, avec son garde vue de fer blanc et un bassin de commodité d'étain, 12 l.

49. Item, cinquante sept estampes, représentant différents portraits de roys et d'hommes illustres, tous sous leurs verres, dont un cassé et tous leurs filets de bois doré, 100 l.

Dans la chambre des domestiques :

50. Item, une couchette à bas pilliers, garnie de son enfonçure et une paillasse, deux matelats de laine, couverts de toille à carreaux, deux couvertures de laine blanche et un petit baldaquin (3) de damas de Caux ; un lit de sangle, deux autres matelas de laine couverts de toille à carreaux, un traversin de coutil rempli de plumes, deux vielles couvertures de laine blanche et un petit baldaquin de damars de Caux, 72 l.

51. Item, quatre vieux porte manteaux, de vieux draps jaune, garnis de livrée ; un vieux lit de sangle, 6 l.

52. Item, un bidet, couvert de maroquin rouge, garni de sa cuvette et d'une seringue d'étain (4), 9 l.

53. Item, deux harnois de carosse et deux brides, une autre bride et deux selles, dont une de domestique et l'autre garnie de son siège de velours cramoisi, 40 l.

54. Item, deux portières en quatre parties de tapisserie à l'éguille, fond jaune à fleurs, doublé de serge cramoisie, 24 l.

55. Item, deux chenets, pelle et pincette et tenaille de fer poli (5), avec ornemens de cuivre doré d'or moulu, 120 l.

Sur une supente (6), pratiquée dans la garde-robbe :

56. Item, quatre grandes urnes de porcelaine de la Chine, trois autres et deux grands cornets de porcelaine du Japon ; un sceau aussi de por-

(1) « On appelle aussi *serre-papier*, une sorte de tablette, divisée en plusieurs compartiments, qui se met ordinairement au bout d'un bureau et où l'on arrange des papiers » (*Trévoux*).

(2) Meuble triangulaire, qui se place dans un angle ou coin.

(3) « *Baldaquin*, dais... On dit aussi le baldaquin d'un catafalque et un lit à baldaquin » (*Trévoux*).

(4) « Deux seringues en ostain » (*Inventaire du baron de Ville*, 1708, n° 36). — « Une écuele et une seringue, le tout d'étain » (*Inventaire Dejean*, 1732, n° 178). — « Deux bassins de lits, six palettes et deux seringues » (*Inventaire de l'hôpital de Neufchâteau*, 1760).

(5) « Un feu..., avec tenailles, pelle, pincettes et mains aussi de bronze doré » (*Vente de Mme de Pompadour*, 1766).

(6) « *Soupente*, entresol ou petite construction pratiquée entre deux planchers pour la commodité d'un appartement. Une soupente est commode pour y faire coucher des valets » (*Trévoux*).

celaine, deux cornets (1) de porcelaine de la Chine ; quatre vases couverts de porcelaine de la Chine, montés en cuivre doré d'or moulu ; un autre vase couvert, non monté ; deux oiseaux de porcelaine grise, un lion et une lionne, le tout monté en cuivre doré d'or moulu ; deux petits pots pourris de porcelaine de la Chine, montés en cuivre doré ; deux vases ou pots pourris de laque rouge, montés en cuivre doré d'or moulu ; une écuelle couverte et sa jatte de porcelaine de Saxe ; deux grandes tasses à chocolat, avec leurs plateaux de pareille porcelaine ; une grande écuelle, avec son couvercle et son plateau de porcelaine de Saxe ; une téyère aussi de porcelaine, garnie de cuivre doré ; un pot à œil, son couvercle et sa jatte d'ancienne porcelaine de la Chine ; deux tasses de porcelaine, leurs couvercles et leurs soucoupes, montées en argent ; une écuelle de la Chine, son couvercle et son plateau, monté en argent ; deux petites jattes de porcelaine du Japon ; deux tasses de porcelaine, leurs couvercles et leurs soucoupes, dont une cassée, montée en argent ; une jatte de porcelaine du Japon et deux autres de la Chine, quatre autres jattes avec leurs soucoupes, un pot à tabac de porcelaine et son couvercle, monté en cuivre doré d'or moulu ; un petit cabaret (2) sur son plateau, composé de cinq tasses et leurs soucoupes ; une téyère et un pot au lait de porcelaine blanche, 1200 l.

Suivent les papiers, linge et hardes à l'usage dudit défunt :

57. Item, un habit, veste et culotte de velours cramoisi, doublé de satin blanc ; un habit et veste, grand uniforme de maréchal de camp ; un habit et veste et deux culottes de drap brun, doublé de velours tigré ; un habit, veste et culotte de velours de cotton mordoré, à boutons de Pimbeck, doublé de raz de castor (3) et la veste de molton ; une vielle culotte de velours de soie ; un habit, veste et culotte de laine tricottée, doublé de croisé blanc ; une robe de chambre (4) et sa veste d'anglaise, fond brun à fleurs, doublée de gros de Tours (5) rayé ; une vielle robe

(1) « On donne le nom de *cornet* à des vases de faïence ou de porcelaine, présentant la même forme que les cornets à jouer » (Havard), c'est-à-dire à bords droits et l'ouverture plus large que le pied.

(2) « *Cabaret*, espèce de petite table ou plutôt plateau, dont les bords sont relevés, ordinairement couvert de vernis, sur lequel on met des tasses et des soucoupes, pour prendre du thé, du café » (*Trévoux*).

(3) « Un justaucorps, veste et culotte de drap de castor, garni de boutons d'acier. Un justaucorps, veste et culotte de drap de castor, garni de boutons d'acier doré. Une paire de bas de castor » (*Inv. du baron de Ville*, 1717, nᵒˢ 125, 127).

(4) « Une robe de chambre, mauvaise, de satin d'Inde. Une robe de chambre satin raié, violette. Une robe de chambre jaune. Une robe de chambre, bleu et or » (*Inv. du baron de Ville*, 1717, nᵒˢ 60-63).

(5) « Un bois de lict, garni,..... la garniture complette d'étoffe de gros de Tour bleu et aurore, aux crépines de soye et argent » (*Inv. du baron de Ville*, 1708, nᵒ 24). — « Une robe et son jupon de gros de Tours vert pomme, brochée en argent » (*Inv. de Petau*, 1771).

de chambre, de gros de Tours broché, fond olive (1) à fleurs ; une robbe de chambre et sa veste de ratine blanche ; un habit, veste et culotte de velours raz noir ; un habit, veste et culotte de voile noir et un surtout (2), veste et culotte de velours noir ; un habit et sa culotte de drap de Silèzie brun ; un habit et sa culotte de gourgouran (3) gris, doublé de croizé blanc, garnis de boutons d'or à lames ; un habit, veste et culotte de velours à la reine (4) gris, doublé de croisé blanc ; un habit, veste et culotte de moire sur fil mordoré, doublé de croisé blanc ; un surtout et sa culotte de baracan (5) gris à boutons à mille pointes en argent ; un habit, veste et culotte de drap brun, à boutons de Pimbeck, doublé de raz de castor ; une redingotte de drap bleu, galonnée en or ; un habit, veste et culotte de ratine mordoré, doublée de satin blanc et garnies de boutons de traits d'or ; une veste blanche piquure de Marseille ; une autre, étoffe de Lyon, fond or à petits bouquets (6) ; une autre fond argent à fleurs rouges et vertes ; une veste de Perse, brodée au tambour, une veste de nanquin (7), un coupon de quatre aulnes et demie de satin blanc, un coupon de sept aulnes de croizé blanc, un coupon de une aulne et demie velours raz noir, six camisolles de flanelle d'Angleterre, une doublure de veste de soie blanche, 1200 l.

Dans l'armoire inventoriée avec la garde-robbe :

58. Item, soixante onze chemises de jour, de différentes toilles, partie usée et non garnie, 100 l.

59. Item, douze chemises de jour, garnies de manchettes de mousseline brodée ; douze autres de pareille toille, quatre chemises de toille commune garnies de manchettes effilées, dentelées, six autres chemises garnies d'effilé, vingt six autres garnies de manchettes de mousseline brodée ; dix chemises de nuit, garnies de manchettes de baptiste à petit ourlet et neuf autres, garnies de manchettes de batiste à grand ourlet, 197 l.

60. Item, vingt-quatre cols de mousseline, trente mouchoirs de toille blanche, douze mouchoirs des Indes à carreaux, six autres de toille d'orange rouge à carreaux, 84 l.

(1) « Un habit noisette olive » (*Inv. du baron de Ville*, 1707, n° 134).

(2) « *Surtout*, c'est un nom qu'on a donné à une grosse casaque ou justaucorps, qu'on met en hiver par dessus les autres habits » (*Trévoux*).

(3) Le *gourgouran* est un tissu reps et satin. Jacques-Augustin de Mondion le mentionne deux fois dans ses *Principes de fabrique*, manuscrit appartenant à M. Victor de la Ménardière, à Poitiers.

(4) J.-A. de Mondion décrit la fabrication du velours à la reine, qu'il dit « employé pour habit d'homme et pour la broderie ».

(5) « *Bouracan*. On disoit autrefois *baracan*. Gros camelot ou étoffe, tissue de poil de chèvre » (*Trévoux*).

(6) M. Garran de Balzan possède, aux Châtelliers, une veste semblable, style Louis XVI.

(7) « *Nankin*, toile de coton, ordinairement (non toujours, car il y a du nankin blanc) d'un jaune particulier » (*Littré*).

61. Item, deux manteaux de lit, de toile de cotton ouettée; sept paires de bas de soye blanche ; une autre d'étraine, six autres vieux paires de bas de soye blanche, quatre paires de bas et quatre paires de chaussettes de cotton ; une paire de bas de laine grise, trois paires de bas de fil gris, 90 l.

62. Item, un vieux chapeau à mettre sous le bras, deux paires de souliers de cuir noir, une paire de pantoufles de maroquin, deux vielles perruques en bourse (1) et deux vielles bourses de taffetas noir, 8 l.

63. Item, quatre caffetières du Levant (2), de différentes grandeurs ; un vieux pot de fer blanc à chauffer au bain mari (3), 3 l.

64. Item, cinquante huit serviettes, dont trente ouvrées, dépareillées et vingt huit de toille à linteau (4), 24 l.

65. Item, deux paires de manchettes de point d'Argentan, six paires de manchettes de dentelles Valencienne, deux autres pareilles et une autre de fausses Valenciennes, 460 l.

Suivent les bijoux :

66. Item, une épée d'acier, damasquinée, avec sa poignée en or, avec son ceinturon de soie verte et une petite épée à garde et poignée d'argent, 200 l.

67. Item, un étuy d'or cannelé, avec son cure oreille et une boette d'or oblongue ; une paire de boucles de souliers et une paire de boucle de jarretière à tour d'or, chape et ardillons d'acier ; une boucle de col en or, une paire de boutons d'or, une paire de boucles de souliers et une de jarretières à tour d'argent, chape et ardillons d'acier; une boucle de col en argent ; un flacon de cristal, avec son bouchon d'argent ; un porte-crayon d'argent avec son étuy de galuchat (5) et une loupe dans son étuy, un cachet de cristal à trois facette monté en or, 700 l.

68. Item, une montre à cadran d'émail et doubles éguilles d'or, dans sa boette d'or et à répétition (6), avec un cordon de soie rouge et trois cachets, dont deux en or et l'autre d'une pierre, une clef de cuivre, 240 l.

69. Item, un graphometre (7) en cuivre, avec son étuy, 7½ l.

Suit l'argenterie :

70. Item, vingt quatre cuillères et vingt quatre fourchettes à bouche, deux cuillères à soupe et huit à ragout, deux grands goblets en timballe,

---

(1) « Une vieille perruque, avec la bourse de taffetas noir, l'un et l'autre hors d'usage » (*Inv. Dejean*, 1732, nᵒ 75). — « Une tête à perruque » (*Inv. de Cadalen*, 1794, nᵒ 41).

(2) Havard ne mentionne pas cette espèce.

(3) « *Bain-marie* se dit d'un vaisseau plein d'eau chaude, qui est sur le feu, où l'on met le vase qui contient les matières qu'on veut faire distiller » (*Trévoux*). Ce procédé est une précaution pour empêcher que ce que l'on fait ainsi chauffer brûle, n'étant pas en contact direct avec le feu.

(4) Liteau.

(5) Peau de roussette ou chien de mer, peinte en vert par un bijoutier nommé Galuchat.

(6) « Montre à répétition à boëte et chaîne d'or » (*Inv. de Petau*, 1771).

(7) « *Graphomètre*, instrument de mathématique..... on l'appelle plus communément *demi-cercle* » (*Trévoux*).

le tout d'argent, poinçon de Paris (1), pesant ensemble vingt six marcs sept onces quatre gros, prisé à juste valeur et sans crue comme vaisselle platte, à raison de quarante huit livres six sols cinq deniers le marc, 1256 l. 6 s.

71. Item, une cuvette avec son chausse col (2), deux boëttes à savonnettes, une caffetière, une autre petite caffetière, un crachoir, une théyère et deux goblets en forme de caffetière avec leurs couvercles, le tout d'argent, poinçon de Paris, pezant douze marcs, 607 l.

72. Item, douze cuillères à caffé (3), d'argent d'Almagne (4) doré, pesant un marc deux onces, 59 l. 15 s.

73. Item, un nécessaire de cuir noir, doublé de peaux cramoisie, garni de deux flacons de cristal avec leurs bouchons d'argent, avec un étuy à razoirs de galuchat, garni en argent, 30 l.

74. *Sous la remise* : Un vis-à-vis (5) en jonc gris, doré sur les corps, doublé de velours d'Utreck jaune, avec son surtout de drap et sa housse de velours d'Utrek de même couleur, monté sur son train et sur roues neuves ; un cabriolet, peint en jaune, doublé de drap de la même couleur, garni de trois glaces, 1200 l.

Suivent les livres trouvés dans la salle de compagnie, prisés et estimés par François Mérigot, libraire à Paris, y demeurant, quay de Conty, paroisse de Saint-André-des-Arts :

75. Item, *Histoire généalogique de la Maison de France*, par Anselme, neuf volumes in-folio grand papier, 100 l.

76. Item, *Les fables de la Fontaine*, quatre volumes in-folio, 80 l.

77. Item, *Les monuments de la monarchie françoise*, par Montfaucon, cinq volumes in-folio grand papier, 120 l.

78. Item, quarante-un volumes in-octavo, dont les *Œuvres de Voltaire*, 100 l.

79. Item, trente huit volumes in-douze, dont *Dictionnaire de la fable*, 60 l.

80. Item, soixante-dix-neuf volumes in-octavo et in-douze, dont *Histoire des troubles de Transilvanie*, 160 l.

81. Item, quarante volumes in-quarto et in-douze, dont l'*Année littéraire*, de Fréron, 30 l.

82. Item, trente cinq volumes in-octavo et in-douze, dont *Mémoires du marquis d'Argens*, 80 l.

83. Item, le *Dictionnaire encyclopédique*, vingt cinq volumes in-folio, 1000 l.

84. Item, soixante volumes in-octavo, dont *Histoire des femmes françoises*, 200 l.

---

(1) « L'argent marqué au poinçon de Paris est meilleur que celui d'Allemagne » (*Trévoux*).

(2) Ce mot n'est pas dans les dictionnaires : il signifie peut-être le pied dans lequel s'emboîte le rebord inférieur (*col* ?) de la cuvette.

(3) *Traité historique de l'origine et du progrès du café* ; de son introduction en France et de l'établissement de son usage à Paris (vers 1700), 1 vol. in-12 (*Extr. du Voyage de l'Arabie heureuse*).

(4) Au titre de l'Allemagne, différent de celui de France.

(5) « *Vis-à-vis*, sorte de voiture en forme de berline, mais où il n'y a qu'une seule place dans chaque fond » (*Trévoux*).

85. Item, soixante six volumes in-octavo et in-douze, dont *Dictionnaire abrégé de Lamartinière*, 180 l.

86. Item, soixante trois volumes in-octavo, dont *Dictionnaire de Riche-let*, 200 l.

87. Item, trente huit volumes in-octavo et in-douze, dont l'*Art de s'opi-ler* (de se désopiler) *la rate*, 72 l.

88. Item, quarante volumes in-douze, dont *Bibliothèque amusante*, 60 l.

89. Cent trente trois volumes in-octavo et in-douze, dont livres d'Eglise, 218 l.

90. Item, cent douze volumes in-douze, dont *Menus loisirs*, 80 l.

91. Item, soixante dix volumes in-octavo et in-douze, dont *Mémoires de Villars*, 100 l.

92. Item, soixante quinze volumes in-octavo et in-douze, dont *Lettres du cardinal d'Ossat*, 96 l.

93. Cent douze volumes in-quarto et in-douze, dont *Abrégé de l'his-toire de France*, par le président Haynault, 148 l.

94. Item, vingt-trois volumes in-quarto, dont *Histoire des voyages*, 130 l.

95. Item, cinquante volumes in-douze, *Année littéraire*, 25 l.

96. Item, vingt-deux volumes in-quarto, dont le *Grand vocabulaire françois*, 96 l.

97. Item, vingt-deux volumes in-quarto et in-douze, dont *Mémoires de Castelnau*, 76 l.

98. Item, sept volumes in-folio, dont *Histoire de la maison de Châtil-lon*, 30 l.

Suivent les papiers :

99. Premièrement, une feuille de papier à la Tellière (1), écrite aux deux tiers environ sur la première page recto et commençant par ces mots : « Au nom du Père, du Fils et du S.-Esprit, je François de Pérusse, vicomte d'Escars, sain d'esprit, mémoire et entendement....., je donne et lègue à Messire Louis-Michel-René de Pérusse, dit marquis de St-Ibart, mon frère, une somme de soixante quatre mille livres..... — A l'égard de mes autres biens, meubles, acquets, argent et argenterie et tout ce qui est réputé meubles et effets, dont je jouis et jouirai lors de mon décès, je les donne en plein droit de propriété à Messire Louis Nicolas de Pérusse d'Escars, dit marquis de Pérusse, mon frère..... — Je lègue à Monsieur Gay, que je prie de vouloir bien se charger de l'exécution de mes dernières volontés, un diamant de six mille livres, pour luy donner une preuve de mon amitié et de ma reconnaissance des bons offices qu'il m'a rendus pen-dant ma vie. — Je donne et lègue à mon premier domestique les deux tiers de ma garde-robbe et le tiers au second. — Je donne et lègue aux enfans trouvés de Paris une somme de quatre mille livres..... »

X. Barbier de Montault.

(1) « Papier *à la Tellière.* Il est plus petit que celui à la Colberté et fut fabriqué par ordre de M. Le Tellier, dans le temps qu'il étoit ministre. Il est pareillement à ses armes » (*Trévoux*).

Limoges. Imp. Vᵉ H. Ducourtieux, rue des Arènes, 7

www.ingramcontent.com/pod-product-compliance
Lightning Source LLC
LaVergne TN
LVHW022032080426
835513LV00009B/1006